2011 경남예술제
경남문협 사화집

경남문학, 현실에 길을 묻다

경상남도문인협회
Gyeong Nam Writers Association

| 머리글 |

현실에 뿌리내린 언어의 꽃

김복근
경상남도문인협회장

문학은 현실에 뿌리를 내려 언어로 꽃을 피우는 예술입니다. 작가는 소재를 찾는 단계에서부터 심각하게 고민하면서 자신이 경험한 현실과 관심사를 주요 테마로 하는 경우가 많습니다. 현실의 문제를 발견하고, 현실이 갖는 의미를 찾아내어 작가의 미적 감수성을 더해 다양한 의미를 부여하게 됩니다. 예술적 형상화를 위한 숙려의 과정을 거쳐 완결된 작품으로 승화하게 되는 것입니다.

현실은 과거의 산물이며 미래의 단초가 됩니다. 문학은 현실을 그대로 그려내는 것이 아니라 작가의 인식을 더하는 예술행위입니다. 따라서 현실을 바탕으로 상상력을 동원하여 재구성하고 새로운 의미를 부여하게 됩니다. 문학적 형상화는 어떤 대상을 문학작품이 될 수 있도록 미적으로 재창조한다는 의미입니다. 현실은 작품으로 형상화되는 과정에서 작가의 미적 태도는 기법으로 작가의 삶의 태도는 주제 의식으로 드러납니다.

문학은 작품을 통하여 현실을 통찰하고, 의미를 부여하여 삶의 모습과 의미를 효과적으로 그려내고, 궁극적으로 인간성을 고양시키는 역할을 하게 됩니다. 독자는 작품을 읽으면서 작중 인물을 자신과 동일시하거나, 자신이 직접 경험해 보지 못하고 경험할 수 없었던 것들에 대해 간접 경험을 하게 됩니다. 자신의 내면세계와의 접촉과 대화를 하면서 카타르시스한 감동을 받습니다.

문학작품은 현실을 반영하면서 현재의 삶으로 재인식하여 문제를 도출하고 비판할 수 있어야 합니다. 이러한 과정에서 새로운 가치는 창출되고, 문학의 기능은 상승하게 되는 것입니다. 이 사화집은 경남의 문인들이 현실을 직시하고, 비판하는 과정에서 새로운 가치를 형상화한 결실을 하나로 모은 것입니다. 현재를 살면서 미래를 예견하는 촉매작용을 할 수 있었으면 합니다.

| 축사 |

문화적으로 강한 나라

공병철
경남예총 회장

결실의 계절 가을입니다.

황금의 들녘은 지난 여름날 농부들이 흘린 땀의 결실을 보여주고 푸른 창공은 예인들이 창작활동을 하기에 좋은 날씨입니다.

아름다운 계절에 우주항공의 도시인 사천에서 경남지역에서 미술과 사진, 건축, 문학 그리고 대중예술을 하시는 예인들이 모여서 2011 경남예술제를 개최함을 자랑스럽게 생각하면서 그동안 경남예술제를 성원하고 지원하여 주신 김두관 경상남도지사님과 허기도 경상남도의회 의장님에게 5천여 경남예술인과 함께 고마운 인사를 드립니다. 또한 예술인을 환영하여 주신 정만규 사천시장님과 행사 준비에 수고하신 이재용 사천예총 회장님에게도 감사의 말씀을 드립니다.

예술은 사회 구성원들이 상생할 수 있도록 사람이 자연의 형이상학을 그려내는 미적활동입니다. 그러므로 예술은 우리 사람들이 최고의 아름다움을 표현하고픈 꿈입니다. 이룰 수 없는 사랑을 밤낮으로 꿈꾸면서 상상을 하는 것처럼 예술가의 작품은 꿈꾸고 상상하면서 미지의 땅에 도달하여 성취감과 희열을 맛보려는 고된 노동인 땀과 혼의 결정체입니다.

존경하는 5천여 경남예술인 여러분!

경남예총은 지금 대내외적으로 여러 측면에서 많은 어려움을 겪고 있습니다. 오늘의 위기와 어려움은 우리 예총이 한 걸음 더 전진하기 위한 기회라고 생각합니다. 어떤 단체이든 어려움 없이 성장하고 발전하는 단체는 없을 것입니다. 오늘의 위기가 새로운 성장과 발전의 기회가 되도록 예술인 여러분의 성원과 협조를 당부 드립니다.

예술문화, 문화예술이라는 단어는 보편성과 대중성을 가진 보통명사처럼 보이지만 그 힘은 대단합니다. 한류로 대표되는 드라마와 K-POP이 세계인을 사로잡으면서 지금 5천 년 한민족이 문화민족임을 세계에 알리고 있습니다.

일찍이 누가 우리 민족을 세계인을 향하여 이렇게 널리 알렸습니까? 자동차와 전자, 조선으로 대표되는 한국의 공업제품이 있지만 그것으로 우리가 선진국이라는 대접을 받지는 못하였습니다.

문화와 예술의 선진국가, 그것은 일찍이 백범 김구 선생님이 꿈꾸어온 우리나라의 모습입니다. 군사적으로 경제적으로 강한 나라가 아니라 문화적으로 강한 나라가 되어야 된다고 백범 선생은 말하였습니다.

존경하는 경남예술인 여러분!

2011 경남예술제를 통하여 예술의 존귀한 가치를 우리는 다시 새기고 다듬어서 예술인이 지역사회로부터 존경받고 믿음을 얻어 세계로 뻗어나가는 자랑스러운 계기가 되기를 바랍니다.

감사합니다.

경남문학,
현 실 에
길을 묻다

contents

시

시조

동시

수필

시

강득송 강홍중 고영조 곽병희 곽송자 곽향련
김 경 김동현 김무영 김미숙 김미옥 김민철
김병수 김연희 김용칠 김일태 박서현 박태남
배종애 서문창 손국복 심재섭 안화수 오덕애
오하룡 우원곤 원순련 유희선 이광석 이달균
이미순 이부용 이 산 이상규 이상옥 이영자
이원수 이월춘 정목일 정삼희 정선호 조병증
조윤주 조종명 조찬구 주강홍 주길돈 주선화
차영한 최경화 하 영 하영갑 한영순 한은숙
허미선 황숙자 황시은

시

허방 파던 날

강득송

어릴 적 이웃마을 아가씨 골려 주려고
우리는 비탈길에 허방을 파고
풀을 덮어 위장하다 못해
그들의 시선을 잃게 하기 위해 건너편 언덕바지에서
골려주려는 데
그들은 용케 피해 가 버렸다.

비 내리는 어느 날
C형이 빠져 무릎을 다쳤다고 잡혀 가
몇 대 맞았다. 군대 맛보라고 갓 제대한 사람답게

가을 어느 날에는 볏짐을 지고 가던 할아버지 한 분이
또 다쳤다. 욕 실컷 먹고 헛배 불렀다.

그런데, 그런데 그 길이라면 눈감아도 갈 내가
빠져 다쳤다.
사람마다 그놈 잘했다.

지금은 부끄러운 그날을 헤고 웃는다.

시인의 집 민족시인상, 월간 《한국시》 신인상 수상. 시집 《메마른 땅에 단비 내리고》, 《고향, 그건 그리움이다》 등. 한국문협 회원. 창원시 동읍 용잠리 동면교회 목사

물 길

강홍중

처마 밑에 방울방울
떨어져 속삭이는 낙숫물이
가지 않는 곳에 길은 없다고
오직 낮은 곳으로 가는 길뿐이라고
개울물 따라 가만가만 가다보면
누구를 만나든 즐겁고
차고 넘치면 얼마나 기쁘랴
너도나도 모여 긴 강물 되어
푸른 바다 하나의 공동체에 이르지만
그러나 물은
다시 돌아갈 길을 찾아 고뇌한다
저 높은 하늘을 오를 때
누구에게도 아쉬운 이별을 말하지 않는다
가벼운 영혼이 되어 바람에 떠돌다
목마른 대지에 줄기 찬 빗방울로 쏟아질 때
거듭 태어나 다시 돌아온 그 길이
참으로 신비하고 아름다웠노라고
물은 비로소 그 길을 말한다

경남 함안 여항 출생. 2005년 《한국문인》 신인상 등단. 《한국문인》 문학상 수상.
저서 《천국에 핀 싸리꽃》(예찬사). 경남문협, 한국문협, 함안문협 회원

시

기타 콘서트

고영조

준이가 기타를 끌고 다니며 논다 이 방 저 방 뒤뚱뒤뚱 뛰고 굴린다 기타가 문지방에 부딪칠 때마다 드릉드릉 울린다 "준아! 그럼 안돼!" 말려도 "안냐! 안냐!" 막무가내로 끌고 달린다 「1975년 뉴욕아방가르드 페스티발」에서 백남준이 바이올린을 끌고 가던 퍼포먼스, 선생은 바이올린을 해방시키려 했을까? 준이가 그걸 알리 없다 오늘 기타를 난생처음 보고 좋아라 끌고 다닐 뿐이다 기타를 자동차처럼 밀다가 베개처럼 베고 자는 시늉을 하기도 한다 모든 것이 멋대로 막무가내다 아무 간섭도 없는 막무가내! 이 황홀한 플럭서스를 본다 「난생처음」은 아침 햇살처럼 눈부시다 준이가 기타와 논다 드릉드릉 노란 기타가 울린다 끌고 두드리며 그냥 논다 「4분 33초」* 기타는 이미 기타가 아니다!

*존 케이지 「4분 33초」

1946년 경남 창원 출생. 1986년 월간 《동서문학》 시 〈떠도는 섬〉 외 13편으로 제1회 신인문학상 받음. 시집 《고요한 숲》(고려원) 등 7권. 시 노래 음반 3종류 있음. 경남오페라단 단장, 성산아트홀 관장 지냄

곽병희

신유목민 · 5

—포장마차

추분이 멀리 뚜벅뚜벅 걸어올 무렵
이른 철새 하나
먼 시베리아 같은 전세방에서 휘휘 날아오더니
아파트 단지 입구에 깃을 접는다
은행 지점을 등에 업어 먹잇감이 솔솔하고
8차선 대로가 앞에 흘러 햇볕도 잘 찾아오는 곳
구수한 멸치 국물의 오뎅 한솥도 벌여놓고
노릿노릿 갓 낳아 놓은 붕어빵의 미끼라야
출출한 배들이
지폐 한 장, 동전 몇 개를 던져줄 것이었다
때로는 단속반들이 막무가내의 놀음을 할 때
잽싸게 피할 임기응변의 안테나는
전방위로 켜 놓는다
그나마 편의점이 횡단보도 건너에 포진하여
정글의 법칙이 다소 덜한데
좀 더 많은 먹이를 쪼을 수는 없을까
아내에게 마차를 넘기고

경남 창녕 출생. 영남대 철학과 졸업, 경남문학관 문예대학 수료(1기). 2003년 《한국문인》 등단. 현재 경남문협, 진해문협, 경남시인협회 회원. 진해문협 감사

사내는 조금 옆의 과일 트럭 노점상으로
먹이 사냥의 반경을 넓힌 지난겨울
올해는 이상기온으로
꽃샘추위가 발을 쉬 빼지 않아
그 행진은 춘분 너머 입하까지도 한창이다.

흑룡폭포

곽송자

몇 해 전 문우랑 갔던 양산 흑룡사
물 한 방울 보질 못해 아쉬운 마음
장마가 유난스런 올해 발길이 닿았다

콸콸 쏟아지는 폭포 소리에
심장이 덩달아 뛰기 시작한다

옷으로 몸으로 젖어드는 물방울도 사랑스러워라
어느 젊은이 뽀얀 옷 한 벌 입고 앉아 기도 드린다
까짓 물 방울도 아랑곳하지 않고

천지신명 부처님이시여
그의 소원 들어주소서.
저 시원스런 물줄기 타고
흑룡이 승천했겠네.

김해문인협회 사무국장 역임. 한국문협, 경남문협 회원. 《한얼문학》 동인

곽향련

벼락

먹구름이 쌓인 건너편 산꼭대기 번쩍, 번쩍 소리친다. 내 과오를 번개처럼 훑는다. 제 구실을 못하거나 도리를 잊으면 그 무서운 입속에서 말씀이 벼락같이 떨어진다.

벼락 맞아 죽은 대추나무는 진품이다. 속까지 검게 탄 대추나무는 죽을 때도 단단하게 죽는다. 탁자로 다시 태어나고 도장으로 살아난다. 고가로 팔려 한 몸에 빛을 받는다.

제우스신의 강력한 무기는 벼락이다. 아들이자 대장장이의 신인 헤파이토스가 만들어 바쳤다. 신은 악이 있는 곳에 가차 없이 벼락을 내던진다. 벼락 맞을 놈! 벼락 맞아 죽을 놈! 열다섯 살 사내아이는 그 말을 읽지 못했다.

거짓말도 후라이팬에 달구어 먹을 줄 아는 나이, 뻔뻔한 지난날이 부들부들 떨린다. 캄캄한 산꼭대기에서 제우스가 불회초리를 번쩍 치켜든다. 맛있게 달구는 시간을 엿보며 예끼 이놈, 벼락 맞을 놈!

의령군 화정면 출생. 《문예사조》 시부문 신인상 당선. 공무원문예대전 시부문 우수상(행정안전부장관상) 수상. 의령문인협회 회원

2010, 낙동강

—함안보에서

김 경

어디로 흘러갈지 몰라 허둥거리는 너는
이미 강이 아니다
처음의 제 물길을 따라 들짐승처럼 그렁그렁 흘러갈 때
너는 낙동강이다
갈겨니에게도 수다를 놓고
입자 고운 물꽃살 흩날리며
무장무장 흘러온 너는
별이고 구름이고 자유
재잘거리는 아이들이고, 고봉 밥상 차려내던 어머니
들일 마치고 귀가하던 아버지였다
그들이 떠나고 기어코 강은 귀가 멀었다
길을 잃어버리고
발목이 퉁퉁 부었구나
썩은 천민자본만이 가득하구나
하루치의 일몰이 건너와 울타리를 치는 저녁, 그러나 친구여
힘내라 구름양조장

경남 사천 출생. 1998년 개천문학상, 1999년 《경남신문》 신춘문예, 2002년 《문학과경계》 문학상 수상. 시집 《붉은 악보》 《연애》. 경남현대불교문인협회 회장, 박재삼문학관운영위원장, 경남도의원

너는 이미 공평무사의 물길을 잃고
어제까지 자유였지만
나는 맨드라미보다 먼저 죽고 맨드라미보다 오래 살아
이 판정에 개입해
너의 물길을 기억할 것이다
겹겹의 물무덤 지켜볼 것이다.

시

대형 마트의 금붕어

김동현

왜 죽임을 먼저 가르치는지
왜 죽음을 먼저 배우게 하는지
너희가 공짜라며 나누어주는 두 마리의 붉은 금붕어는
시방 처참하게 두 눈 홉뜨고 북어처럼 입 쫘악 벌리고
너희가 원하는 대로 뻣뻣하게 죽어 나자빠졌다
너희가 원하는 것이 이것 아니더냐
애매한 목숨을 담보로
금붕어 먹이와 물갈이 스트레스 해소제를
팔아먹기 위해, 두 목숨씩을 그렇게 포장해 준 것이 아니더냐
너희 자본주의의 귀신들아,
내 아이의 두 눈에 비칠 놀라움과 두려움을 어찌할 것이냐

나는 알았다, 언제나 공짜로 받은 두 목숨이 너희에게 나란히
먹잇값 한 푼씩을 남기고 장렬히 숨을 거두리라는 것을
내 아이는 언제나 그 금붕어들이 생존할 수 있을 것이라는 기대
속에,

문학박사, 시인, 수필가. 부산대학교 국어국문학과 및 동 대학원 석·박사 졸업. 경남문협 우수작품집상, 양산예총 공로상 수상. 시집 《이쑤시개꽃》. 한국문인협회 양산지부장, 경남문인협회 이사, 양산예총 부지회장, 한국문협 문단정화위원, 양산여고 교사

너희의 상술에 현혹되어, 그렇게 금붕어 두 마리를 공짜로 받아 신나 하며
기꺼이 금붕어 먹이와 컨디셔너를 샀다

자본주의의 귀신들아
너희는 관리를 잘못해서 죽었다 할 테지
아연실색할 아이에게 두 주검을 어떻게 보여줄 것이냐, 보여주어
금붕어를 사면 안 된다는 것을 몸소 느끼게 하는 것에 만족할 것이냐
예수처럼 땅을 긁적이며 생각에 잠긴다
어둑새벽이 되어서야 너희를 장사 지내는
엄숙한 의식을 치르기로 한다
깨끗이 몸을 씻기고 수의를 입히고 입관하여
양지바른 곳에 나란히 묻어준다, 아침
아이가 눈 부비며 물으면, 너희 살던 항주로 편히 갔다고 말해두마
문득, 항주의 시냇물 속에 노니는 너희 모습이 아른거린다

팔만대장경

김무영

아침해가 연초록 나뭇잎에 걸려
계곡 따라 피어나는 향기를 맡고 있다
뚝뚝 떨어지는 이슬이
단숨에 산을 돌아 졸음에 겨운 바위를 세우곤
혼을 부른다
남쪽 해풍에 찌들린 산벚이며 돌배며
가야산 정기로 자란 닥나무로
한자 또 한자
경판에 옮길 때마다 붉은 땀이 용솟음치고
끝내 경판은 호란 재란 다 재우고
한민족 가르침으로 섰나니
팔만대장정 한민족의 넋
아! 팔만대장경이여!

1984년 《한맥문학》 등단. 거제문협 회장 역임. 한국문협, 한국시협 회원. 시집 《그림자 戀書》

시

칵! 마, 고마해라

김미숙

Don' t worry, be happy
Don' t worry, be happy
노래를 부른다

지구 어느 골짜기에서는 또
하쿠나 마타타
아브라카다브라

아멘!
그 말이 그 말 아닌가

그렇게 '걱정 마 다 잘 될 거야' 라 해 놓고
지구촌 구석구석 외우는 주문 다르다며
니 땅 내 땅 가르다가
내 목 니 목 총 겨눈다

1998 《시와 시학》 봄호 등단. 경남대학교 대학원 졸업(교육학 박사). 시집 《피는 꽃 지는 잎이 서로 보지 못하고》 《눈물 녹슬다》. 경남대 겸임교수, 비둘기동산 유치원 원장

이참에 경상도 주문 툭, 튀어 나온다

칵! 마, 고마해라
인자 고마 싸우라카이, 칵!

시

우리들의 신화

김미옥

시장 앞 지하 동굴에서 겨울잠 자는 곰을 만났다
냉골바닥에 신문지 몇 장으로 비박하는 무모함에
경계하며 멀찌감치 둘러가지만
웅크린 저 등줄기 왠지 낯설지 않다

최초의 신화를 창조한 내 어머니도 동굴 속 곰 한 마리였다는데
어머니의 동굴에서 눈 코 입을 얻어 세상에 나온 내게도
곰의 유전자가 흐른다는 이야기

오천 년 거듭된 신화로
이 땅엔 너무 많은 어머니 너무 많은 내가 넘쳐나고
신분과 등급에 따라 동굴의 위치와 규모는 달라져 왔는데
여전히 치열하게 벽을 세우고 지붕을 얹고 새로운 동굴을 만드는 건
신화는 동굴에서 이루어진다는 걸 믿기 때문

밀양 출생. 2004년 《시선》 등단

신분도 등급도 없는 지하 동굴에서
서로 다른 종류의 가죽들을 껴입고
가장 곰다운 자세로 웅크려 겨울잠을 자는 건
단순하고 명료한 일상이자 반드시 지켜야 할 임무

오직
신화보다 더 간절하게, 더 오래 살아 있기 위하여

시

김민철

광고 전단지

혼자 서 있기조차 힘들다
큰 나무에 달라붙어
매미처럼 울기도 하고
값싼 창녀처럼
헤벌레 웃어보여도
요란하게 칠한 화장 빨의 공염불

구겨지고 짓눌러져
귀찮은 쓰레기란 오명으로 덧씌워
거부를 위한 거부
타성적 외면의 냉소와
눈길조차 주지 않는
설움의 시간은
삼복더위만큼 지루하다.

희망을 줍는 이들의
마지막 대변인

2009년 《시사문단》 詩부문 신인상 등단. 시집 《행복한 사람》. 시사문단작가협회, 마산문인협회, 경남문인협회 회원, 《빈여백》 동인. 육군소령예편, 현재 군무사무관

도저히 앞이 보이지 않는
길을 따라
천분지 일의 확률을 기대하며
애오라지 뿌린 씨앗
지성이면 감천이라 했으니

시

김병수

임에게

—해인사 백련암에서

고요한 뜨락에
갈 길 멈춘 낙엽이
바람의 흔적을 남깁니다.
풍경 소리에 깨어난
산새들이 재잘재잘 읊조리고
바위 틈서리를 감싸 쥔
담쟁이넝쿨은 순교의 피를 뿜습니다.
병풍 두른 산봉의 백운이
백련인가,
홍련인가,
보고 또 보는데
아, 지금
당신의 사랑은
어느 계절을 지나고 있습니까.

경남 함안 출생. 1992년 《문학세계》 시 등단. 마산시문화상 수상. 시집 《그리운 나날》. 국제펜클럽 한국본부 · 한국문협 회원, 경남문협 이사. 마산문협 회장

담벼락에 남긴 글

김연희

생명을 바쳐 사랑한 당신에게
기쁨의 꽃만을 바치고 싶었습니다만
당신은 눈물도 바치라 하시나이다.

몸 씻고 마음 빚어 뜨겁게 사랑하자
희망과 향기까지 드리고 싶었습니다만
고통과 아픔도 썩은 냄새나는 죄 넝쿨도 받으시나이다.

참 평화의 선물만 드리고자 하였으나
더럽고 치사하다 속고 속이는 세상 전쟁터
우울과 서러움도 받으시나이다.

2001년 《문학세계》 시 신인상, 2004년 《경남문학》 수필 신인상. 마산시예술공로상 수상. 시집 《진료소의 나날》 《꽃메아리》. 한국문협, 경남문협, 가톨릭문협, 마산문협, 붓꽃문학회 회원

시

지중해 카페

김용칠

마산 가포 송신소 길 외진 바닷가에
아담하고 장엄한 지중해 카페

마당 앞 분재원에 수령 소나무
세월이 지나다가 가지 끝에 걸려 있네

수석 명품 전시장에 천년의 숨소리들
언제쯤 깨어나 돌문 열고 나올는지…

수평선 구름 넘어 지나가는 고동 소리
섬 하나 자맥질하며 파도 위에 떠간다.

아서라, 백년 나그네 길
뜻 깊게 살고파서

때 묻은 마음 한 자락 바닷물에 헹궈 담고
속세에 무거운 짐 찻잔 위에 내렸더니

경남 창원 출생. 2005년 《문예한국》 등단. 시집 《내 고향 샘이방천》. 창원문협, 경남문협 회원. 상남동 서예교실, 서예지도강사

짭조름한 갯바람이 창문 열고 뒤따라와
등 뒤에서 사르르 눈을 감긴다.

언제 와도 좋은 곳
꿈을 담아 주는 곳

시

김일태

나무 경전

나무가 수행자처럼 길을 가지 않는 것은
제 스스로가 수많은 길이기 때문이다

나무가 날지 않아도 하늘의 일을 아는 것은
제 안에 날개를 가지고 있기 때문이다

나무가 입을 다물고 있다고 침묵한다 말하지 마라
묵언으로 통하는 나무의 소리가 있다

나무가 아무것도 보지 못한다고 말하지 마라
제 몸으로 모든 것을 기록하는 나무의 문자가 있다

그러한 이유로 나무에게 함부로 말하지 마라
가지지 않았기에 나무는 경계 없이 우거져 산다

《시와시학》 신인상. 창원시문화상 수상 외. 창원문협 회장 지냄. 시집 《그리운 수개리》 《호박을 키우며》 《어머니의 땅》 《바코드속 종이달》. 창원예총 회장, 마산MBC전략기획실장

꽃빛 목 메임

박서현

해가림을 하던
흰 구름 한 자락 걸쳐 둔 산녘길.
어깨를 추어대며 피는 진달래 꽃잎에
얼굴을 맞댄 봄이 두 볼을 물들이고 있다.

겨우내 땅속에서
오금이 저리도록 버티어온 힘을 모아
산을 들어 올리듯 피워낸
횃불 같은 열정.

두 팔을
치켜든 꽃불의 점화로
불꽃을 뒤집어쓴 저 불길은
푸른 창공을 채가는 폭죽이다.
힘찬 꿈을 터치운 활화산이다.

경남 밀양 출생. 영남외국어대 보건복지행정과 졸업. 《한맥문학》 신인상 등단. 한국문인협회, 경남문인협회, 부산문인협회, 부산불교문인협회, 밀양문인협회 회원. 《한얼문학》 동인

태워버릴 듯
왁자히 피어난 꽃잎마다
바람을 베어 물고 도리질을 칠 때면
입술에 멎은 꽃빛을 다 머금지 못해
산은 자꾸만 목이 메인다.

살아보면 살고 싶은 고향 마산

박태남

허허로운 바닷바람을 안고 도는
돝섬에서 합포만을 가슴에 품어본다.
따슨 김이 무럭무럭 올라야 하는데도
찬바람이 싸악 아리게 스민다.
인고의 세월 역사를 새로 짓고
사람을 새로 세우는
위대한 마산,
마산 사람들의 힘 빠지는 소리가
돝섬 너른 잔디밭에 몸져눕다.

일어나라고
그래도 희망은
"내 고향 남쪽나라 그 파아란 물"
마산 합포만이라고
창원만이 아닌
추산공원 문신미술관에 오르면
새록새록 세계 속에 이름 날린

경남여류문학회장 역임. 경남문협, 마산문협, 동백문학회 회원. 경상남도 근무

문신 선생님이 아직도 이루고 계신
마산의 힘이 움직이고
먼 훗날 그날은 더욱 눈부실 꿈이 커가고
서원곡 맑은 물은
마산사람들의 맑고 고운 큰 뿌리인 것을
사랑하리
사랑하리
살아서 만드는 이야기는
전설 같은 현실의 마산이야기인 것을

한 권의 사전을 만들듯
세상 최고의 역사사전을 만드는
위대한 마산이여
영원히 살아서 꺾이지 않는 펜이 될 것이라
살며 살고 싶은 마산이여 영원하라
불에 태워도 물에 씻어도 지우개로 지워도
살아만 있을 마산이여
그 이름 자손 만대 영원하라
마산이여

효도

배종애

병든 부모님을 모시기 위해
형제들이 줄줄이 요양보호사 자격증을
취득하고서는
돌아가며 간병비를
챙기기로 했단다

병상에서 신음하는 부모가
돈벌이 대상이 되는 세상

제 부모 간병하고
돈 받는 자식들의
저 현대판 효도

가없는 부모님 은혜
하늘 같다는 이유를 알 것 같다

1956년 경남 마산 출생. 2002년 《한국문인》 《경남문학》 신인상 등단. 새한국문학상 수상. 경남한국문학회 회장 역임. 시집 《쉰김치》. 한국문협, 마산문협, 경남시인협회, 경남문심회 회원. 경남문협 사무차장

호우豪雨

바람은 삽시간에 거리를 내달려 작은 조각들을 날렸다
뒤집히는 파라솔, 무너지는 간판
현수막의 잘린 조각이 잠자리 날개처럼 펄럭이고
하늘을 가르던 제비는 바람에 휩쓸려 솟구치고 있었다
어지럽게 굴복되어 가는 거리
그것은 파도처럼 젖은 발로 거닐었고
메마른 모래알처럼 스쳐갔다
그리고 주인처럼 오는 소리가 들렸다
그것은 비였다
그것은 성난 포화처럼 유리창을 두들겼다
숨 가쁘게 으르렁거리다가 토해내는 섬뜩한 섬광
그것은 건물 안 깊숙이 그림자를 남기며 전구를 거두어갔다
음울한 벽을 가득 채우고
길에서 지저귀며 나뭇잎을 멍들게 했다
삽시간에 강을 들어 올려 범람케 하고
도시 중심부를 휘저어 놓았다
그리고는 사람들을 빗물보다 더 젖게 한 뒤
올 때만큼이나 빠르게 가 버렸다.

전국공무원문예대전 2회 입선, 2004. 노동문학상 수상. 시집 《징검돌이 있던 자리》.
진주문인협회 회원

남은 날

손국복

토담집 하나 짓겠소
강변 비스듬히 보이는 언덕배기쯤
황토방 한 칸 들이고
뜰에는 꽃이라도 몇 포기 놓아
아침나절 눈 맞추고 싶소
텃밭에는 감이며 석류 매실나무 고루 심어
조무래기들 놀이터가 되면 좋겠소
노을 고운 날 언덕에 올라
저무는 강 유유히
쇠기러기 행렬에 허욕 날리고
연기 피는 마을에 내려
알싸한 장작불에 몸 데우겠소
햇살 좋은 어느 날
산들한 바람과 하늘빛 불러
결 고운 무명천에 쪽 수 놓아
풀잎 사랑 때깔 입고

《문학공간》 등단. 합천예술인상 수상. 시집 《그리운 우상》. 합천문협 회장. 야로중학교 교장

뜨락에 내려
대문 없는 울타리에 깃대 올려서
빛나는 시 한 편 내다 걸겠소.

나의 일번지

심재섭

하늘 아래
첫 동네
나의 일번지

눈빛만 봐도
알아채는
가까운 사람

무엇과도
바꿀 수 없는
당신입니다

《문예한국》 등단. 한국문협, 경남문협, 진해문협, 경남시인협회 회원. 문예한국 정선 시인. 시집 《노을빛 언덕에서》 《시인은 그대 앞에 말한다》 《세상을 빚어 놓은 굽이 젖은 강물》 《아리랑을 부른다》

비보호 좌회전

안화수

왼손잡이로 산다는 것은 불편하다
공공시설이 바른손 위주라 더욱 그렇다
밥 먹고 글 쓰는 일 제외하면
오른손 사용이 꼭 필요하지 않는 데에도
주위에 색안경이 넘친다

좌우가 균형을 이루어야 넘어지지 않아
한쪽만 발달하면 그늘이 만들어지기도 하지
축구에는 레프트 윙, 라이트 윙이 달리고
야구에는 좌익수, 우익수가 양편으로 선다

아스팔트 6차선의 시내 도로를 타고
우리 집 아파트로 들어오는 길목에 이르면
왼쪽으로 방향을 틀어야 한다
신호등이 없는 비보호 좌회전 구역
앞뒤를 살피다가 왼쪽으로 손잡이를 돌린다

경남 함안 출생. 국민대 교육대학원 졸업. 《문학세계》 신인상 등단(1998). 경남문협 우수작품집상 수상. 마산문인협회 · 경남시사랑문화인협의회 사무국장 역임. 시집 《까치밥》. 현재 생활문학협회 회장, 《시애》 편집장, 마산공업고등학교 재직

누구나 오른쪽으로 가는 길은 부담없는데
왼쪽으로 돌 때에는 다른 사람 눈치를 본다
생각이 왼쪽으로 쏠리면 삶이 피곤해
한쪽으로 기울지 않게 마음의 신호등 만들까
아니야 힘들어도
위험해도 양심대로 살아야지

시

어떤 주차장 풍경

오덕애

꽉꽉이를다문차들이
눈을부라리며
꽁무니를물고
질식하는낮

날개야 솟아라
살 길이 없어
띠 두르고 도로로
뛰쳐나와
인도까지 점령할 때

이런 이런!
주인 기다리는
텅　　　　빈
장애인 주차 공간
바람 빠진 낮잠

부산대 대학원 국어국문학 박사과정 중. 2004년 《자유문학》 신인상 시 부문 등단. 저서 《하늘이 산이 바다가》, 연구논문 〈황선하 시에 나타난 기호적 세계 연구〉. 자유문학, 붓꽃문학회, 마산문협, 경남문협, 한국문학회 회원

통일 돌개바람

오하룡

천태산 은행나무님,
비오니,
이 땅 천년을 지키신 그 영력靈力으로
저 미국땅을 휩쓸고 다니는
그 무슨 돌개바람 같은 바람으로
잠시 태어나소서.

그리하여 비오니,
조금도 주저치 마시고
어디든 이 땅 통일을 방해하는 무리들
서성이는 자리 마당 쓸듯이
싹 쓸어버리고 이 자리 돌아오소서.
거듭 비오니.

1975년 시집 《母鄕》으로 등단. 마산시문화상, 경상남도문화상, 한국농민문학상 본상 등 수상. 시집 《잡초의 생각으로도》 《別鄕》 《마산에 살며》 《창원별곡》 《내 얼굴》 등. 한국문협 · 한국현대시인협회 · 한국펜클럽 회원, 경남문협 이사, 경남작가회의 고문

시

우원곤

폐 경

홀어머니 계시는 아파트 가는 길
내동교육단지를 지날 때면 사, 오십여 년 된
벚나무 터널을 만난다.
아내가 늘 여기는 계절이 빨리 온다고
풍경은 좋지만 왠지……
그런 얘기 할 줄 알았어. 꼭 여기 오면 그 얘길
하지. 수십 번은 들었다고
그러고선 나는 늘 그 옆의 홍가시나무에 대해 얘기한다.
새순이 붉어 꽃으로 착시된다고
그럴 때면 아내는
그늘 깊은 숲을 오래 껴안다 깨어난 얼굴로*
나를 보며 쓸쓸하다고

*김소연 시집 《눈물이라는 뼈》(문학과 지성사)에서 변용.

경남 창원 출생. 《한국문인》 신인상 시 당선. 경남문인협회, 창원문인협회 회원. 경상남도교육청 사무관 재직

폭우

원순련

늦여름
무더위 끝에 찾아온 폭우는
잠자던 내 영혼에서 몰래 빠져나간
반란의 무리인지도 모른다.

너무 긴 세월이었을까
담 너머 발자국 소리조차
귀 막고 살라 하여
꼭꼭 묻어 둔 그 순하디순한 영혼이
이제는 더 이상 눈감고 살 수 없다며
질서 없이 무리지어 휘젓고 달려 나와

숨어 핀 연꽃 이파리에
피울음을 토해놓고
천연스럽게 폭염 속으로 사라지는
진정
짓뭉개어 숨겨 두었던
내면의 길을 찾는 내 영혼의 반란이 맞아

《경남신문》 신춘문예 동화 · 《매일신문》 수필 당선, 《시와 생명》 시부문 신인상, 《교원문예》 시조 당선. 한국문인협회 거제지부장

시

매직로즈*

유희선

매직로즈로 다시 태어났어요
예전에 제가 아니랍니다
입김을 불어보세요
제 핑크 꽃잎이 손톱 끝부터 보랏빛으로
바뀌고 있어요
어둠 속에 저를 품어보세요
당신은 사라져도
저는 불꽃으로 빛납니다
잠들지 않고
시들지 않는
반짝이는 눈동자를 갖고 태어났어요
재채기를 할 때는 찔끔 눈물이 나기도 하지만
전 늘 절정이랍니다
마법사들이 이 세상을 만들어가요
장미는 장미로부터 멀어지고
당신은 당신으로부터 멀어져요
나는 나로부터 멀어져

1960년 서울 출생. 《시를 사랑하는 사람들》 등단

예전의 내가 아니랍니다
기적은 창세기 속에 있고
세상은 바야흐로
온통 매직천국이예요
제발 숨지 말아요
그냥 사로잡히세요
무궁무진 변화무쌍하답니다
나는 매직로즈로 다시 태어났어요
그대들도
당신들만의 마술사가 있나요
마술사에게 안부를
굿 나이트!

*매직로즈 : 빛과 온도에 따라 색깔이 다양하게 변하는 장미.

시

잡초 앞에서

이광석

너는 언제나 태풍주의보가 내려진 막막한 바다였다
낫을 들면 성난 파도가 내 키를 넘어 발목까지 칙칙 감아 당겼다
무성한 잡초의 바다에 떠다니는 작은 뗏목 같은, 무기력한 낫 한 자루
차라리 너와 나 사이에 화해의 작은 섬 하나 만들고 싶었다
베어도 베어도 쓰러지지 않는 곧고 바른 당당한 시비是非 하나 키우고 싶었다
낫을 두려워하지 않는 잡초들 자존심 바다보다 깊다.

1935년 경남 의령 출생. 1959년 《현대문학》 추천. 마산시문화상, 경상남도문화상, 우봉문학상, 경남문학상, 경남불교문화상, 한국현대시인협회상, 청마문학상 등 수상. 《경남신문》 편집국장 · 이사 · 주필 역임. 시집 《겨울나무들》 등 6권, 산문집 4권. 한국현대시인협회 · 한국시인협회 자문위원, 경남문인협회 · 경남시인협회 · 마산문인협회 고문, 마산詩의거리추진위원장, 경남언론문화연구소 대표, 창원문예부흥운동 대표

일간스포츠

이달균

왜 하필 거기서 미망인의 상복喪服이
잘 어울린다고 생각했을까.

친구들은 포커, 난 무심히 박찬호를 읽는다.
상가에서도 메이저리그의 고군분투는 감동적이다.

하긴, 며칠 후면 아이들은 어린이 회원으로 가입하고
그녀도 야간경기에 갈 옷들을 장만하리라

연봉이 영웅을 정의하는 시대
살아온 패와 손에 쥔 패를 비교하면서
열심히 카드를 돌릴 때

나는 혼자서 일간 스포츠를 본다
승부할 그 무엇도 없는 밤이 길다.

경남 함안 출생. 1987년 《지평》과 시집 《남해행》을 출간하여 문단활동을 시작, 1995년 《시조시학》 신인상으로 시조창작 병행. 중앙시조대상 신인상, 경남문학상, 마산시문화상, 경남시조문학상 등 수상. 《시와생명》 편집인 역임. 시집 《문자의 파편》 《말뚝이 가라사대》 《장롱의 말》 《북행열차를 타고》 《남해행》. 경남문인협회 부회장

시

폭우

이미순

폭우 같은 장대비
서 있는 모든 것 휩쓸어 버린다
숲은 포효하고 산과 강은 파도치고
땅과 하늘이 괴성을 지른다

초속 사십오 미터의 강풍
치타의 이빨같이
바람에 감긴 나무
온몸을 떨며 힘없이 뽑혀 땅에 내려앉는다

길은 밤새 울부짖는 바람을 붙들고
혼절해 버렸다
현실은 절망의 늪으로 가라앉고
세상의 길 지워진
깊고 캄캄한 그날 밤

부산 구포 출생. 월간 《시사문단》 등단. 풀잎문학상 대상(2007), 매월당 김시습 문학상 시부문 금상(2009) 수상. 시집 《꿈을 파는 여자》(2007). 의령문협 회장, 한국시사문단작가협회, 의령예술촌, 경남문협, 한국문협 회원. 〈빈여백〉 동인

자연은 우리가 뿌린 씨앗이라고
재앙이라고
버림받은 몸짓이라고
인간의 무성의와 탐욕에 대한
보응이라고 일침을 놓으며

깨닫지 못하면 앞으로 또
어떤 재앙이 닥쳐올지
우리 모두에게 울리는 경고
엄청난 자연의 힘 앞에
무기력한 인간의 한계가 안타깝다

시

이부용

경칩

3월 초순
계원리 〔詩몽苑〕 사과밭
시인이 시간을 가꾸고 있다
꽃눈 눈치 보며 가지치기를 한다
나무에 붙어 몸을 꿈틀거리며
퇴직 후 돋아난 잡념의 도장지를 잘라낸다
어린 호수 같은 개울 하나 안고 있는 마을 앞
빈 들의 긴 사색을 뚫고 나오는
개구리 울음소리가 유별나다

이루룽 리루룽 기루룽
리루룽 기루룽 이루룽
기루룽 이루룽 리루룽

경남 고성 출생. 동아대학교 대학원(영문학 박사). 2000년 《문학공간》 등단. 시집 《빈 수레를 끌고 간 겨울》. 포에지 창원 《詩嚮》 동인

흥건한 오르가슴이다
낯선 저 봄의 소리에 얼룩진 늙은 겨울을
논두렁 위의 햇볕이 닦아내고 있다

*詩몽苑 : 필자가 퇴직 후에 충북 청원군 미원면 계원리 계곡 비탈에서 가꾸고 있는 사과 농원

시

술래잡기

이산

너는 내가 안중에도 없겠지만
나는 너를 찾아 나선다

어제를 뒤져서 발견한 오늘은
말갛게 비어 있는 아침,
빈손으로 뻗어가는 넝쿨에게는
지금이 한창 치열한 때

혀를 내밀어 너를 맛보고
나의 생각이 너의 허리를 감아쥐는 순간
내 혀가 기억하는 모든 맛과
몸이 추억하는 모든 사랑은 사라진다

어느 뒤에 숨어서 얼굴을 감추고 웃는 너와
숨바꼭질하는 나와는 한통속,
현실은 이렇게 두리번거리며 오는 것이다

2005년 《문예운동》 신인상. 한국문인협회, 경남문인협회 회원. 경남현대불교문인협회 사무국장

그냥 똥일 뿐이다

이상규

그냥 두는 것이 외려 나을 때가 있다
저도 미안하여 숨은 듯이 있거니
돌아앉아 고개 숙여 부끄러워하거든
일부러 들쑤시고 파헤칠 일 아니다
딴에는 말끔히 치운다는 것이
오히려 덧게비칠 때도 있어
모른 채 그대로 두면 저절로 썩고 삭아
더러 생명 있는 것들의 먹이가 되고
그렸다 지우는 티베트사원의 만다라曼荼羅처럼
흔적 없이 스러져 정토淨土가 될 것을
굳이 건드려 냄새피울 일 아니다
나도 길 가다가 낭패한 적 있었느니.

경남 함안 출생. 《시문학》 등단. 함안문인협회, 함안예총 회장 역임. 시집 《사랑 가꾸기》 외

시

유리그릇에 관한 명상

이상옥

얼마나 깨어지기 쉬운 그릇이냐
현미경으로 비추면 실금으로 가득할 그대여
매일 새 금이 죽죽 그어지고 있는 그대여
펄벅이 '슬픔을 안고 살아가는 방법' 을 운위할 때
사람들은 더러 '성숙' 이라는 고상한
테제These를 투영하기도 하더라만
뭐라고 하든 아직 지탱하고 있는 것이 고마워라
슬픈 몸으로 오늘 하루를 건너고 있는 것이 고마워라
언젠가 깨어져 쏟아질
그 몸으로
생각하고
시를 쓰고
아이의 아비고
노모의 아들이다
아직, 흩어질 수 없는 단단히 죄는 불안한 몸이여

경남 고성 출생. 1989년 《시문학》 등단. 시문학상, 유심작품상 수상. 시집 《유리그릇》 외 다수. 반년간 《디카詩》 주간. 창신대학 문예창작과 교수

시

부모님 소개

—별꽃 이야기

이영자

세상은 수풀 같아 뱀이 있을지 모르니
어른들이 딛고 간 길만 밟거라
부모님은 나를 다섯 살까지
앞뒤에서 다독다독 보살피셨다

이제는 남이 밟지 않은 길을 갈 때다
스스로의 길을 열어라
열 살 드는 나를 포함하여
칠남매 손 한꺼번에 놓으시고

하늘의 별이 되셨다

지상에다 일곱 아이 북두칠성으로
뿌려놓고 그리울 때 비추며
이야기한다 숨소리 듣는다
하늘에서 반짝하면 땅에서도 반짝하고

함안 파수 출생. 1989년 시집 《초승달 연가》로 등단. 시집 《개망초꽃도 시가 될 줄은》 《식당일기》 《그 여자네 집》 《땅심》. 한국현대시인협회, 경남문협, 마산문협, 마산교구가톨릭문인협회 회원

시

이원수

가끔 깊숙한 그곳에 가보고 싶다

저기
소리 없이 바람 불고
낮게 구름 드리우고 하나 둘 꽃잎 지고
물소리 똑똑똑 떨어지는 밤
한없이 어두운 곳에 빛이 보인다
빛은 어둠 속에 숨고 또 숨고
그 빛이 어둠을 파고들어 밤이 되고
텅 빈 영혼이 사람을 비집고 사는 곳
빛이 없는 밤에 무엇이 숨어 있나
깊숙한 그곳에 가보고 싶다
한참을 들여다보면
자꾸만 파고들고 싶은 빛의 충동
선혈 묻은 자궁 속으로
돌모란 해초 부드러운 촉감 속으로
마음 하나 깊숙한 곳까지 집어넣어
살짝 건드려 보고 싶다
가끔

미당문학제 시인학교 수료(동국대). 진주문협, 경남문협 회원. 동인지 《시인과 사색》 《신평리 가는 길》 등 출간. 현 경상대학교 교무과 재직

시

이월춘

돌아다니는 말들

골목길을 두드리며 말들이 돌아다닌다
채소 과일 번개탄 고무장갑 왔어요 확성기를 타고
고사목에서 울긋불긋 독버섯이 돋아나듯이
산 오징어 썰어 팝니다 영덕대게 왔어요
듣기 싫은데 오른쪽 귀로 들어와 왼쪽 귀로 나간다
귀 기울이지 않아도 잘 들리는 거짓말처럼
팔랑팔랑 이파리 같은 말들 성질 돋우는 말씀들
목탁 소리를 타고 산을 내려온 말씀들
십자가를 등에 지고 힘들게 오신 말씀들
새벽강에 나가 몸을 뒤척이는 강물 소리 듣고 싶어
구부러진 저 소나무 껍데기의 천 년 숨소리를 듣고 싶어
낮은 음성 안에 고인 듯 흐르는 침묵은
물봉선이나 질경이처럼 몸을 낮추고
제 손바닥을 두드리는 버드나무의 귀를 가져야
다문다문 마음속으로 길을 내는 법인데

1957년 창원 출생, 1986년 무크 《지평》과 시집 《칠판지우개를 들고》로 작품 활동. 월하진해문학상 수상. 시집 《그늘의 힘》 《산과 물의 발자국》 등. 경남시인협회 부회장, 경남문협 이사, 한국작가회의 회원, 진해중앙고 교사.

시

정목일

다호리 마을 옛 시인을 만나다

창원 동면 다호리
주남저수지 초입의 마을
철새 오지 않으면 적막한 곳
갈대숲의 나라

무덤에서 나온 다섯 개의 붓
원原삼국시대
2천년 무덤 열고
부활한 붓

철새와 갈댓잎 소리
집집마다 차 끓는 다호 마을
붓으로 무슨 시를 썼을까
다호 마을 시인

경남 진주 출생. 1975년 《월간문학》 수필 당선, 1976년 《현대문학》 수필 천료. 경상남도문화상, 동포문학상, 에세이문학상, 월간수필문학 대상 수상. 춘강창작문예기금 수혜. 수필집 《침향》 《한국의 아름다움 77가지》 《마음 고요》 외 다수. 계간 《선수필》 발행인, 창신대학 문창과 겸임교수, 한국수필가협회 이사장

무슨 문자로
영원을
꿈꾸었을까
다호 마을 사람들

주남저수지 주변
자작시로 곡을 붙여
피리를 부는 다호리 시인
옷자락 휘날리며 가는 다호리 시인

*1988년 국립박물관 발굴에 의해 창원시 동면 다호리 1호분에서 한반도 최초로 2천 년 전 붓 5자루가 출토되었음.

시

출근길

정삼희

불면의 밤 지나 수척한 나무 밤마다 팔랑팔랑 오월 잎사귀 달았다. 나무 나이테가 주는 가르침은 모진 엄동설한에도 생명을 잉태하고 있다는 것이지. 바람 냄새 말갛게 외줄타기하며 햇살 눈부시고 물오른 자연 설익은 능선 수줍어하고 있다. 아침 출근길 유혹의 고리 외면할 수 없어 먼 산 바라보다 운전대 차선 벗어나 이탈로 곡예하듯 도피 순간 맞고 나서야 죽음의 유혹임을 감안한다. 길옆 보랏빛 제비꽃, 전입신고로 한창 분주하다 못해 잠시 꽃잎 물고 쉬고 있는 모습 한껏 분단장한 여인처럼 사랑스럽다. 산자락 오솔길 옆, 한아름 상수리나무 제법 멋진 신사복 한 벌 걸쳐 입고 큰 가지 가만히 늘어놓고 아스라한 그늘 내어 주며 기다림에 몸서리치고 있다. 산다는 것은 마냥 기다림이지.

대전중부대학교 대학원 석사(교육학) 졸업. 2002년 《문예한국》 신인상, 우수작품상 수상. 시집 《내마음의 도피처》 《찰비산의 그리움》 《곡비》, 《향기나는 차》(7인시집) 《추억》(5인시집). 경남문협, 경남시인협회, 진주문협, 진주여성문학회, 의령예술촌 회원. 가곡 〈경남의 노래〉 〈남강의 노래〉 작사

섬진강가에서 길을 잃다

정선호

하동 섬진강가에서 열린 문학행사에서
시와 노래 듣다 밤에 강가를 걸었다
강물 위로 이천 년대산 술병 떠다니고
물속에 사는 원혼들 몇이 뒤척이는
소리, 소리가 물보라 일으켰다

몇은 오십 년대와 이천 년대산 술을
섞어 마시며 하동아리랑을 불렀다
노랫소리 섬진강 떠나 지리산의
원혼들에게 전해지자 비 내렸다
시인들도 무대 위 씻김굿 보며
원혼들 달래고 메모지에 무언가를
적었다, 다시는 사람이 이념 위해
죽는 일 없길 간절히 바랬다

충남 서천 출생. 창원대 대학원 국문과 졸업. 2001년 《경남신문》 신춘문예 당선, 2003년 《시와 상상》으로 작품활동 시작. 시집 《내 몸속의 지구》

강 건너편 말투 다른 마을의
전깃불 하나둘씩 꺼져갔다
장맛비 간간이 내리는 강엔
이데올로기 위해 죽은 이들의
눈물 떠내려 왔다
방죽엔 달맞이꽃과 찔레꽃 그렁그렁
꽃잎을 강물 위로 던져 넣었다

아 침

조병중

촉촉 새벽이 묻어온
한짐 꼴풀을 베어 오셨습니다
나는 쪼그리고 앉아
풀더미를 뒤적여 봅니다
아침마다 송사리 눈 맞추러
웅덩 못 가는 논 도드락 길 냄새입니다
호박꽃 등불
달개비 여뀌 동방새기 강아지풀
돌미나리 까마중
쇠무릎 풀 질경이
토끼풀 하부래 촉촉 향긋한 냄새입니다
어랍~
잠이 덜 깬 아기 청개구리도
이슬에 세수하다 말고
까무룩 까무룩
무우씨 같은 인사를 합니다

《문학세계》 등단. 진주문협 회원

복화술

조운주

그래, 여자는 드디어
수십 년 꿈꾸어온 복수를 결행한 것이다

언젠가 그도 여자를 기다릴 날 있으리라 꼽씹었던 적 있었다 폐암의 종양이 온몸으로 퍼졌다 했다 사람도 간간이 구별한다 했다 몇 번이나 기회가 있었지만 병실에는 일부러 찾아가지 않았다 아니 기회가 없었더라도 물어볼 사람은 많았다 찾으려 했으면 갈 수도 있었을 것이다 하지만 여자는 숨었다 그가 살아서 그러한 것처럼 여자도 기만하는 법을 배웠던가 보다 그가 살아서 그리한 것처럼 황색의 안전선이 무너지는 걸 바라지 않았나 보다 그가 살아서 그리한 것처럼, 여자를 위하여 아무것도 결행하지 못한 것처럼, 말로만 여자 곁에 묻히고 싶다고 한 것처럼, 사랑한다 했으나 단 한 번도 그 사랑을 실행하지 못한 것처럼, 열여덟 살 그 많은 날들 기다리고 또 기다리며 보낸 그 세월을 그도 병실에서 기다리며 보내게 했던 것이다 수십 년 그 기나긴 버릇이 된 그리움을, 눈물을, 저주를 결코 추억이라 말하지 않으려 여자는 입술을 뭉갰다

《시문학》 등단. 시집 《그림자 하나로 남아 있는 그대》

그렇게 그는 죽었다 여자는
그의 커다란 눈 속에 박혀 일 년씩이나 앓아누웠던 적 있다
함께 만든 수천 개의 화석을 분류하고 분석하고 파헤치며 여자는
한마디 말도 소리로 만들지 못하고 잠잠 안으로만 운다 울다가
지친다 지쳐서 뜬눈으로 잠든다 잠 속에서
차마 밖으로 내보내지 못했던 수천의 말들
동동 복화술로 띄워올린다
동동 비눗방울처럼

시

젖은 여름

조종명

참깨는 가물어야 잘되는데
누렇게 뜹니다
비둘기가 내려앉아 영양식을 즐깁니다
끝없이 눅눅한 날씨
베어서 간짓대에 걸치고 말리는데
털어서 담을 때까지는
마음을 놓을 수가 없습니다
잠시 노을이 붉더니
주룩주룩 빗물이 내립니다
젖은 여름이 가고 나면
허리를 펴고 쉴 겨를이 없었던
지나간 이야기만 남을 것입니다
가꾸고 수확하고 갈무리하는 일
그것이 농사입니다

1992년 《농민문학》 신인상, 《문예운동》 추천. 시집 《소나무는 외롭지 않다》. 진주문협, 경남문협 회원. 남명학연구소 이사, 지리산생태계보전운동 협의회장

강변 · 4

조찬구

아득히 먼 고층 아파트촌 옆
낙동강물 굽이굽이 도도히 흐르는데

느티나무 잎새 속
까치 소리, 참새 소리 싱그럽고

포클레인 서너 대 휴식 중인 점심 시간
공사 중 길 한 켠 쌓아둔
굵직한 검정 파이프
서른 사십여 개 널브러진 사이 비집고
연약한 구절초 미소 지으며 서 있는데

작고 귀여운 하양 나비 한 마리
나풀나풀 하양 꽃 자리 안 노랑 속 맴돌고
맴돌다 다른 곳으로 나풀나풀 날아가네

저만큼 아득히 치솟은 고층 아파트촌 옆
뿌우연 낙동강물 도도히 굽이굽이 흐르는데

대구 달성 출생. 《한비문학》 《한울문학》 신인상 수상. 시집 《추억, 그리고 현실》 《오늘도 내일도 즐거이》 《끝없이》 《지금 여기》 《감사합니다》. 마산가톨릭문인협회 회원. 성지여자중학교 교사 역임

시

문

주강홍

몇 번의 모르스 부호가
교신을 시도한다

육중한 콘크리트 벽
단단한 못으로 걸쳐진 유일한 통로는
블랙홀처럼 침묵을 삼키고
원심력과 구심력의 사이에서
인력은 서로의 질량을 저울질한다

희미한 파장이 간헐적으로 안테나에 걸리지만
달까지의 거리는 너무 멀다
층계는 검은 어둠으로 깔아
유성을 기다리지만
궤도를 이탈하기에는
붙박이별들은 아직 푸르다

경남대학교 대학원 토목공학과 졸업. 2003년 《문학과 경계》 신인상 등단. 경남문협 회원. 진주문협 회장

몇 간의 발자국과 수런거림이 잠깐
지구의 자전을 일깨우지만
검은 고무줄을 끊던 아이는
안의 기척도 탱탱함을 안다

주길돈

거부拒否

일렬로 늘어선 덤프트럭 행렬
개미들과 흡사하다
쉼 없이 길을 내며
편을 가르는 저 소란

산허리를 메스로 그어
매립과 절개를 반복하여
허파에 피를 흘리며
수술대 위 신음하는 산천
거침없이 밀려드는
저 물골을 누가 막을 수 있으랴

머리에 띠 두른 피켓의 절박한
돌려달라는 외침은 묻혀버리고
득실을 따지기 전에
어떤 거부도 할 수 없다
개발에 상처 난 가슴을 보듬으며
과연 현명한 선택이었던가 묻고 싶다.

부산 가덕도 출생. 2005년 《시사문단》 시부문 등단. 진해문인협회, 경남문인협회 회원

루이비똥

주선화

루이비통은 똥이다
바다 위의 하이힐이다
바다 위의 팥빙수다

루이비통은 빽이다
바다의 어머니
하늘에 계신 아버지

루이비통은 핸드백이다
명품이다
다이아몬드다

나의 빽이다
하루 종일 따라다니는
든든한 보디가드

루이비통은 똥이다
개똥이다
발로 차고 다니는

경북 감포 출생. 마산대학 사회교육원 시창작과정 수료. 2004년 《시와 비평》 작품 발표. 2007년 《서남일보》 신춘문예, 2007년 《시와 창작》 신인상 수상. 시사랑문화인협의회 영남지회, 경남문협 회원. 〈띠앗문학〉 동인. 마산문협 사무간사

시

탁본拓本, 감성돔

차영한

온실가스가 없는 저녁바다 새우로 낚은
반달의 아가미에 다섯물이 펄떡펄떡
어쩌면 양주잔으로 한 잔 반의 반주에 걸친
내 키 반 정도 같은 구십 인치의 참돔
하얀 파도 위에 눕히자 날카로운 가시들을 펼친 채
우주 속으로 날아오르려는 최초의 운석

소용돌이치는 북극빙하가 불쑥 내민 비수처럼
날아올라 내 눈알 속 스카이실링을 치는 소리
파닥이다 번쩍 번쩍하는 비늘 그 은하중심에서
별의 탄생 같은 기존가설을 뒤엎는 찰나
온몸을 새카맣게 찍은 하얀 파도는 더 굽이친다.

변두리로 빨려드는 별들의 죽음처럼 사라진
남태평양 투발루 작은 무인도의 몸부림이다
인공위성으로 수몰 확인된 인도 로하 채라 섬
발작적으로 토해내는 검은 혓바닥이 타고 있다

통영 출생, 경상대학교 일반대학원 국어국문학과 졸업(문학박사). 1978년~1979년 월간 《詩文學》 추천완료. 시집 《시골햇살》, 《섬》, 《살 속에 박힌 가시들》 등. 경남시인협회 부회장, 한국현대시인협회 지도위원, 국제펜클럽 한국본부 이사 등

바로 미쳐버린 열손가락 떨림마저 끊어내며
광란하다 쓰러진 오페라 루치아의 콜로라투라*여

*콜로라투라 : 고난도의 기교.

인 연

최경화

아름답게 승화된
만남이란 선택된 자만이
인연을 같이하는 소중함일진대
가벼이 저버린다면
삭막한 세상이 더 삭막하리라

마음은 다쳐도
겉으로 태연하게 행동하는 내심은
감당하기 힘들고 버거워도
쉬이 드러낼 수 없는
욕망의 언어들이 숨을 거두네

사람들은 가까이
다가가면 갈수록
알 수 없고 진심을 모르는
살아갈수록 힘든 삶인 것 같아

《한맥문학》 등단. 밀양문인협회 회장 역임. 한국문인협회 회원, 부산불교문인협회 · 김해문인협회 부회장, 한얼문학동인회 회장

시

늦은 저녁이 달다

하영

늦은 저녁
현관 앞 초코허브
눈빛 향기롭다

고마워서,
숱이 많은 머리를 어루만지며
귓불을 살짝 건드렸을 뿐인데
그 아이,
가진 향기를 몽땅, 내 손에 건네준다
그 손으로 먹는 늦은 저녁이
달다

그래그래, 오늘은 네가
고단한 내 하루를 온전히 받아들이는
말랑말랑한 스펀지다
칠흑의 어둠을 뚫고 나온 협궤열차의 기적 소리다
정성껏 등피를 닦고 심지를 갈아 끼운 램프 불빛이다

달다, 혼자 먹는 늦은 저녁밥.

경남 의령 출생. 계간 《문학과 의식》 신인상(1989), 월간 《아동문예》 동시(2000) 등단. 남명문학상신인상, 마산시문화상, 경남예술인상 공로상, 경남아동문학상 수상. 시집 《햇빛소나기 달빛반야》 등, 인도순례기 《천축일기》, 동시집 《참 이상합니다》. 경남문협 · 경남문학관 · 경남아동문학회 이사

제 갈 길은 다른데

하영갑

어둠이 내릴 무렵
크게 벌어진 다툼

아버지와 어머니의 싸움이 모자라
온 가족이 엉키고
선생님까지 가세하며
팔방으로 가리키는 이정표
어린 과객은 휘청거린다.

그 누구의 무엇에
얻어맞았는지 모르지만
정신을 잃고 만다
그냥 내버려 두지!

갈 길 몰라
응급실에 든 아이
야반도주하니
고 3의 머리에 산성비 내린다.

2006년 월간 《문학21》 시 등단, 2007년 월간 《신춘문예》 수필 등단. 창신대학 아동복지과 교수, 경상남도사회복지협의회 이사, 경상남도사회복지사협회 대의원, 마산시 노인요양보호대상자 등급 판정위원

송편 소가 녹두인지 밤인지

한영순

우리나라에서 땅값 제일 싸다는 의령군 묵방리에 하얀 배롱꽃 흐드러지게 피었는데요 장미 천만 송인 양 분홍 배롱도 옆에 피어 있데요 해인사보다 일백 년 앞서 창건되었다는 설說만 구전으로 전해오는 유학사에서 목불이 석고불로 둔갑된 사연을 대도시 한 복판에서 살아옴직한 소녀에게서 깔끔한 법문으로 듣는데요 간식으로 내어 온 주먹만 한 송편 소가 밤이냐 녹두냐 의견 분분했는데요 미타산 자락 학의 품에서 모두들 제 전생 살펴보느라 잠시 혀 끝 인연에 무심했던 것뿐인데요 밤인들 녹두인들 대수인가요 곱디고운 군상들 둥둥 떠다니는 이 무릉도원을 누구의 잣대로 자리 값 정한 건가요 분홍 배롱 하얀 배롱 대웅전에 드니 묵방리 온통 백만 송이 꽃천지인데 금싸리기 땅 별 곳인가요 이미 잊혀진 송편 소 같은 것

경남 진해 출생. 2005년 《시와 비평》 신인상. 시사랑문화인협의회 영남지부 이사, 마산문협, 경남문협 회원, 〈띠앗〉 동인

시

가을 가로수

한은숙

진주행 국도
가로수 잎새는
연하게 물들었습니다.

들길 따라온
산들바람이
잎새를 스쳐 흘러갑니다.

지난여름엔
태풍 휘몰아치고
햇볕마저 따가웠습니다.

방황하던
내 삶의 잎새에도
가을은 어김없이 찾아와
애잔하게 물이 듭니다.

1995년 《문예한국》 수필 신인상, 2005년 《한국문인》 시 신인상 등단. 수필집 《감나무 밑 장닭은 울고 있었다》. 한국문인협회 · 국제펜클럽 회원, 통영시 정책자문위원. 도대회 및 전국대회 학생 장원 수상. 2011년 도학예대회 학생응모시에 장원

진주행 국도
가로수에는
기쁨이 익는 치잣빛
슬픔이 녹는 겨잣빛
영롱한 빛깔의 잎새가 있습니다.

내 인생
어떤 빛깔 하나 내고파
어제도 오늘도 고뇌하며
바지런을 떱니다.

시

남편의 중년

허미선

어, 저 사람 개그맨인데
그래서 무엇이 어찌한단 건지
말하지 않아도 알아채는 중년

더위가 깊어 팬티 차림에
허여멀겋게 불쑥 나온 배로
윗도리를 벗고 자유롭게 살다가
우습게만 생각했던 TV 속
그 남자의 꿀 복근에 넋을 놓는다

요즘 TV 속 남자들은 옷을 벗는다
옷을 벗는 남자들은
구릿빛 피부에 근육이 빵빵하다

아무렇지도 않게 벗고 다니던
남편의 속살은 유난히 희다
백돼지라 불러도 아랑곳하지 않던 그가

《문예사조》 신인상 당선. 시집 《굵은 웨이브 머리카락》. 진주문인협회, 진주여성문학회, 경남문인협회 회원. 금성초등학교 재직

팔 근육에 힘을 주어 본다
다리에도 힘을 주어 본다

남편의 중년은
달라질 게 별로 없다
힘을 잃은 근육만큼
말랑해진 아내가 있다.

벚꽃

황숙자

비가 오고 난 뒤 고층아파트 담장 따라
벚나무가 안개 속에 뿌옇게 가라앉아 있다
그 아래 간간이 흩어지는 얼굴들
그림자도 없이 사라져 가고 있다
마치 딴 세상 사람들 같다
이승과는 아무 상관 없는 사람들 같다
이렇게 우리는 이 세상에서 저 세상으로
건너가고 있는 중인지 모른다
한 발짝 한 발짝 각자 자신의 얼굴을 숨기고
등을 보이면서 어딘가로 흘러가고 있다
저 뿌연 안개 속
한번도 걸어보지 못한 길
오래된 흑백사진을 볼 때처럼 아득하다
사진 속의 얼굴처럼
조금씩 풍화되어 지워진 사람들이
아득한 어둠의 대문을 하나씩 열면서 걸어가고 있다
영원한 찰나로 빛났으면 생각했던 얼굴들
꽃이 아닌 것처럼
꽃이 아니었던 것처럼

하동 출생. 진주문인협회, 진주여성문학인회, 경남시인협회, 경남문인협회 회원

인 연

황시은

아파트 뒤쪽 공터
부식 팔던 트럭이 머물던 자리
고구마 한 개 떨어져 있다
해 지고 어둠의 시간 사이에
홀로이 남겨진 고구마
몇 뼘만 더 굴렀으면 밭에 묻혀
뿌리의 신발을 신었을 텐데

집으로 돌아온 나는
싱크대 속 가득 양수를 뽑아 올려
몸을 씻긴다
첫울음 소리 들리는 듯
붉게 몸을 떨고 있다
황토 그릇 속에 담근다
엄마의 유두를 빠는 아기처럼
물속을 파고든다

2007년 계간 《시선》 등단. 시집 《난 봄이면 입덧을 한다》

제 몸에다 싹의 눈을 내며
초록빛 손톱을 그리며
서서히
내 삶의 시간 속으로 뿌리를 내리고 있다

인연이 시작되었다

시조

김만수 김보안 김복근 김연동 김정희 김진희
김춘랑 도리천 리창근 박성임 서석조 서일옥
석성환 손영희 신애리 안정애 옥영숙 우홍순
윤정란 이동배 이분헌 이숙자 이우걸 이정홍
이처기 임성구 정현대 제민숙 최재섭 하순희
홍진기

시조

어항에 구피*

김만수

얼비치는 지느러미 소릴까
펄럭이는 아가미 죽은 햇살을 펴마시고 있다
망망한
바다로 헤쳐 갈 어부의 설레임이

저- 평온의 수심에도
시간, 시간 출렁이고
수초잎 너울거리며 먼- 여행을 인도하듯
더 넓은
우주를 향하여 하루를 열고 있다.

저 평화로운 우주에
뉘 고뇌를 말할까
하루가 갈 긴- 터널이 나와 무엇이 다르리
천자봉
언덕으로 가는
꽃상여가 보일 듯.

*구피 : 몸 길이 5~6센티 정도의 어항에만 사는 물고기.

1941년 창원 출생. 경남대학교 국어국문과, 동 교육대학원(문학석사) 졸업. 1976년 《국제신문》 시, 1996년 《문예한국》 시조 천료. 시조집 《풍경 속에 머문 노래》 외, 저서 《논술의 길라잡이》(고교용), 《정지용 시 연구》 외. 고교 교직 35년. 경남문협 · 창원문협 이사, 가락문학회 회장

아버지의 자화상

김보안

무거운 세월의 무의
기꺼이 지고 가는
버거워 버거워서 넘어지는 일상에도
싸구려
자양강장제로
없던 힘도 다시 낸다.

적시는 마른 가슴
하고픈 말 삼키고
하나 둘 흔적 지우며 남은 날을 가늠하는
귀로는
들리지 않아도
소리 같은 짐작이다.

1990년 《현대시조》 등단. 한국문협 양산지부장 역임. 경남문협 이사, 한국문협 회원

시조

김복근

독거 연습

섬에 와서 혼자 사는 법을 익힌다
밥하고 청소하고 넥타이를 고른다
아내는 수혈의 자양 늦살처럼 흔들리고

어둡고 텅 빈 동굴 심지를 올려 봐도
숨쉬는 건 오래된 시계와 풍란 한 촉
나 홀로 살아가기엔 호흡이 너무 길다

때 절은 옷섶 위에 마른 땀 흘리면서
한 줄기 바람 따라 노숙하는 입덧마냥
그리운 이름을 헤며 윗도리를 벗어 건다

느리게 뛰는 맥박 내가 나를 의지한 채
골다공 낡은 관절 스스로를 증언하며
어느 날 주어진 독거 검불처럼 다독인다

창원대학교대학원 졸업(문학박사). 한국시조문학상, 성파시조문학상, 경남시조문학상, 시민불교문화상, 경상남도문화상, 한국문협작가상 등 수상. 창원대 · 진주교대 강사, 국제신문신춘문예 · 천강문학상 심사위원 등 지냄. 시조집 《는개, 몸속을 지나가다》 외, 저서 《노산시조론》 《생태주의시조론》 등. 현재 경상남도문인협회 회장, 경남문학관 이사장, 한국시조시인협회 부이사장, 거제교육지원청 교육장

자스민 향기

— 말리화茉莉花

김연동

탄압의 총구에서 피를 뿜는 타흐리르
청동 녹슨 환부가 모래처럼 부서지고
어둠에 쌓인 광장이
주검보다 무겁다

절규의 손짓으로, 목마른 몸짓으로
치사의 약 먹이듯 숨길을 틀어막는
피보다 진한 저 향기
연무처럼 퍼진다

머리를 조아리며 권좌를 꿈꾸는 자여!
자욱한 모래바람 빛나는 저 눈들 보라
검은 땅 부릅뜬 자유
생명보다 엄숙하다

1987년 《경인》신춘 《시조문학》 《월간문학》 등으로 등단. 중앙시조대상 신인상, 경상남도문화상, 경남문학상, 중앙시조대상, 가람시조문학상 등 수상. 시집 《저문 날의 構圖》 《바다와 신발》 《점묘하듯, 상감하듯》 《시간의 흔적》 등과 5인 시집 《다섯 빛깔의 언어 풍경》, 평론집 《찔레꽃이 화사한 계절》

시조

김정희

외등外燈

홧불을 높이 든
그대는 프로메테우스
천상의 불을 훔쳐
살신성인하고 있다
거룩한 형벌을 받고도
인류에게 봉사하는.

스스로 깨친 생각
자명등自明燈 되는 날에
숨겨둔 마음자리
빛이 되어 밝히며
천리도 손금을 보듯
되비치는 거울이여.

1975년 《시조문학》 등단. 한국시조시인협회 부회장, 한국문인협회 진주지부장 역임. 한국시조문학상, 경상남도문화상, 月河시조문학상 외 다수 수상. 시조집 《빗방울 변주》 등 9권, 수필집 《차 한잔의 명상》 등 3권

누에의 잠

김진희

이제는 끝내려나 기우뚱한 저 몸짓

지하도 벽에 붙어 웅크린 사내의 잠

진초록 물결치던 잎 떨고 있는 낙엽이다

그늘진 시간 속에 찬밥처럼 굳은 몸

등 뒤에 품은 알을 들썩이는 담요 위로

마른 땅 혼을 깨우는 빗소리가 요란하다

1997년 경남신문 신춘문예, 《시조문학》 추천 등단. 한국문협, 경남문협 회원

시조

가을밤에 쓰는 시

김춘랑

부질없는 한 생각의 타래실
풀고 감는 이 한밤을

송두리째 떠메고 가는
수만 마리 귀또리의

이 기찬
역사役事를 지켜
지지 않는
달을 보렴.

1934년 고성 출생, 1968년 《시조문학》 등단. 경상남도문화상, 가람시조문학상 등 수상. 시조집 《우리네 예사사랑》 《서울 낮달》 《작은 행복론》 등. 한국문협 · 경남문협 · 고성문협 회원, 경남시조시인협회 고문

줄다리기

도리천

남과 북 아이들이
줄다리기 경기했네

38선
쇠사슬 줄
양쪽에서 당겼더니

반백 년 녹슨 쇠줄이
끊어져 날아갔네.

불교신문 신춘문예 · 중앙일보 신춘문예 시조부문 당선, 《시조문학》 시조 천료, 《아동문예》 신인문학상 시부문 당선. 아동문예작가상, 새싹문화상, 경남아동문학상 수상. 문학전집 《코스모스 꽃씨를 받으며》(동시), 시집 《고향 가는 길에서》 《어머니의 봄》, 《진달래 꽃등》 《쌍지매》 《비비새 연가》

시조

어머니, 아– 어머니

리창근

어버이 날 시린 가슴
송곳으로 찔린 아픔
물끄럼한 시선으로
초점 없이 바라보던
아리디
아린 마음이
산 능선을 넘습니다.

여든 다섯 한평생을
자녀 위해 온몸 바친
아픈 인생 고생살이
불여귀는 알아줄까
풀무덤
무성한 수풀에
베잠방이 젖습니다.

경남 산청 출생. 1978년 동시 등단, 《현대시조》 신인상 당선, 《시조문학》 천료, 《시와 시인》 신인상(시) · 《삶터문학》 신인상(동화) 당선. 한하운문학상, 노천명문학상. 박재삼문학상. 이육사문학상 수상. 동시집 《꿈나무 열매》 《꿈을 먹는 아이》 외, 시조집 《저 강물 흘러서》 외, 시집 《접어 둔 그리움으로》 외, 전자시집 《사랑아 지금 우리는》 외 다수. 한국시조시인협회, 한국문인협회, 한국디지털도서관, 한국학술문화정보협회(KAKC) 회원

어머니, 아 어머니
울 엄마 우리 오매
날 낳아 기쁘셨던
그 세월은 어딨나요
한탄강
건너는 세월
눈물에 잠깁니다.

어서 빨리 쾌차하여
떨쳐 일어나소서!
힘 있고 당찬 걸음
한달음에 달리시던
그 옛적
생기 넘치던
그 세월로 오소서.

시조

박성임

고속버스 터미널

목련꽃 곱게 피워 건네지 못한 편지
계절의 영장令狀 앞에 고쳐보는 매무새
행여나 신록을 만날까 자꾸만 돌아본다

유년의 사진 몇 장 가슴속에 펼치면
일간에 가려져 멀어진 구문舊聞들이
스치는 옷깃 사이로 반짝 비집고 나온다

사람들이 버리고 간 무수한 촌음들
대합실은 언제나 손수건만 쌓인다
와르르 쏟아져 나오는 회한의 영상들

경남 마산 출생. 《시조문학》 천료. 경남문학우수작품상, 성파시조문학상, 마산시문화상 수상. 경남여류문학회 · 경남가톨릭문협 회장, 마산문협 부회장, 경남시조문학회 사무국장 역임. 시조집 《바다가 있는 풍경》 《구절초 닮은 그대》. 한국시조작가회, 경남문인협회, 국제펜클럽 한국본부 회원. 전직 초등학교 교사

부곡 온천

서석조

한때, 번성을 게워 환락하던 부곡온천
문득 그리운지 뭉게구름 둥실 떴다
그 들목 신작로 언덕 능소화 핀 철망 위로

하와이 호텔잠에 발그레진 내 아내가
땅딸이 이기동에 혼절하듯 웃어대다
민해경* 보고 싶은 얼굴엔 왠지 설핏 눈물짓던…

이제는 전설의 거리 남지땅콩 팔던 골목
손가락 총 길게 겨눠 물이 듣는 하늘인데
그 누가 옷깃을 잡나 돌아보면 휑한 바람.

*〈보고 싶은 얼굴〉을 부른 가수.

2004년 《시조세계》 신인상. 시조집 《매화를 노래함》. 한국시조시인협회 상임위원, 《시조세계》 기획위원

서일옥

여 행

마른 손 하나로 따가운 햇살 가리며

거미줄 같은 일상 애써 눈감으며

미지의 낙원을 찾아

초점을 맞추고 간다

어디나 닿는 곳은 사람이 사는 세상

안으면 포근해지고 버리면 차가운 인정

돌아와 배낭을 풀면

아, 정겨운

내 자리여.

1990년 《경남신문》 신춘문예 당선. 한국시조시인협회상, 성파시조 · 경남시조문학상, 마산시문화상 수상. 시조집 《영화스케치》 외. 한국문인협회 · 한국시조시인협회 · 오늘의 시조시인회의 이사, 경남시조시인협회 회장, 창원 남양초등학교 교장

새와 허공

석성환

제 몸만 한
부피로
허공에
집을 지어

지붕과
지붕 사이
다리를
놓아가다

지우고
또 지워야 할
하루
하루
날갯짓

경남 진주 출생. 문학박사(〈한국 현대시에 나타난 현상적 의미 연구〉). 2003년 《한국문인》으로 등단. 한국문협 · 한국시조시협 · 경남문협 · 창원문협 · 오늘의시조시인회의 · 사림어문학회 회원, 《火中蓮》 편집위원, 《가락문학》 편집장

구제역

손영희

너그들을 묻고도 내는 사람이라
꾸역꾸역 찬물에 밥말아 먹는다

막사 앞
질펀한 허공
눈발이 오지다

어미 젖에 코박은 눈도 못 뜬 어린것
산밭에 묻은 기억 여즉도 삼삼한데

목구멍
젖은 밥알이
콕콕 쑤신다

2003년 매일신문, 《열린시학》 등단. 오늘의 젊은시조시인상, 이영도시조문학상 신인상 수상. 시집 《불룩한 의자》

소록도에서

신애리

천상의 월궁 향아 껴안고 방아 찧자
비비고 또 비벼서 별이 되는 붉은 살
날 새면 기척도 없이 발가락 하나 흔적 없다

부모님 전상서엔 다시 못 뵐 불효자
뿌리고 거두어도 심지 없는 촛불뿐
장하게 쏟아진 씨앗 질긴 목숨 긴 한숨

닳아진 몸을 안고
닳아진 몸으로 간다
천형으로 받은 죄 함께 나눈 몫이라고
단종실* 한 평 그 자리 한 제국을 잃었다

*단종실 : 소록도에서 나환자들을 강제로 거세했던 곳.

부산 기장 출생. 진주교육대학원 졸업. 2006년 《시조월드》 신인상 수상. 2007년 《아세아문예》 신인상 수상(수필). 시조집 《선생님과 함께 가는 시조여행 ①②③④》 4권. 진주시조시인협회 사무국장, 진주문협 이사, 경남문협 회원. 사천 동성초등학교 교사

난지도 · 1

안정애

번성은 아름다워
약함이 강함되고
고달픈
수고스러운 일
내일에로
한 줄기 망望

흔들린 구속사에
정죄 속 묶어져서
어둠길 머나먼 등대
여린 씨뿌리기
인류애

계발선 경계 즈음
표출된 우리들 표상
생존에
울부짖음도
희망부흥
대지大地 속

진주 출생. 진주교대 대학원 졸업. 2005년 《시조문학》 등단. 진주여성문협 · 진주문협 · 경남문협 · 한국문협 회원, 현재 하동 쌍계초등학교 근무

4월에게 물었다

옥영숙

가볍고 거친 물살에
뛰고 뛰는 벚꽃잎

폭력의 거리에서
은어떼로 몰려간다

저 삶도 오체투지로
항거할 일이 있는 것일까

2000년 매일신문 신춘문예 등단. 2001년 《열린시조》 신인작품상 수상. 시집 《사라진 詩》. 경남문협, 창원문협 회원

자연과 인공人工

우홍순

억만종億萬種 예술품으로 이뤄진 우주는 걸작
태초부터 신비감에 아름다움 넘쳐흘러
인공人工을
피붙이처럼
살가롭게 품는다.

빗나간 인간 탐욕 섭리를 가벼이 하고
말로만 자연사랑 그 맘속 누런 돈 생각
숨 가삐
보배로운 이 무대
야금야금 갉아먹다.

겨우 남은 자투리마저 두 눈에 불을 켜고
마지막 생사를 건 한판 결투 벌이다가
끝내는
함께 살기 잊고
다 죽을 길 닦고 있다.

1993년 《문예한국》 신인상, 1994년 《시조문학》 추천 등단. 시조집 《연하장, 곧은 뼈대는 팔지 마오》 《보릿고개 碑》, 《출장복명》, 《저 푸른 하늘 보며》

쌀 밥

윤정란

이십 킬로 삼만 원
팥죽땀의 쌀이네

아버지 흙이 되고
큰오빠도 따라간

쌀값의 무게가 빠진
뼈마디 울음이네

상표 단 울아버지
우리 집에 오셨네

압력솥에 숨가빠도
쌀밥이 보약이라

기름진 유언 삼아서
꿈알처럼 먹는 밥

1983년 《시조문학》 천료. 성파시조문학상 수상. 저서 《푸른 별로 눈 뜬다면》 《꽃물이 스며들어》

시조

최성봉의 넬라 판타지아*

이동배

버려진 나이 3살
떠도는 착한 영혼

세파에 나뒹굴며
혼자서 어둠 뚫고

어려운
세상 귀퉁이
굳게 딛고 섰습니다.

시련에 휩싸이며
떠다니는 어린 모습

길을 찾는 담담함에
울먹이는 얼굴들

하동 북천 출생. 1996년 《현대시조》 신인상 등단. 경남문협 이사, 경남시조시인협회 감사, 현대시조 · 섬진시조 동인, 한국 · 경남 · 합천문협 회원, 한국 · 경남 · 진주시조 시인협회 회원. 시집 《합천호 맑은 물에 얼굴 씻는 달을 보게》(3인 사화집). 현 김해시 대동초등학교 교장

아무리
어려운 일도
희망 쫓아 살았습니다.

이 모든 환상 속에
정직하고 평화로운

구름처럼 자유로운
친구처럼 편안한

따뜻한
바람이 불어
이렇게 살아왔습니다.

*최성봉의 넬라 판타지아 : 케이블TV tvN 주관 '코리아 갓 탤런트' 에 응모해 부른 노래 청중과 심사위원들의 감동과 눈물을 쏟게 함.

시조

찬 밥

이분헌

낯익은 풍경이야, 때때로 그래 왔던
주방 한 켠 앉으려니 성가신 장식이래
목덜미 덥석 잡혀선
냉장실로 처박히는

꽉 닫힌 뚜껑 안에 숨조차 쉴 수 없다
창백한 얼굴빛은 누룩처럼 떠버리고
실직한 어느 골방에선
식어서도 꽃인 것을

2006년 《시조문학》 신인상 등단. 한국시조시인협회, 오늘의 시조시인회의, 경남문인협회, 마산문인협회, 경남여류문학회 회원. 창녕 도천초등학교 근무

바 람

이숙자

바닷가 소금기 머금은 끈적한 바람
산골짜기 송진내 품은 향긋한 바람
여인네 치맛자락에 휩싸인 은은한 바람.

일생의 한순간 잘못 안은 바람으로
광장의 노숙자 된 안타까움 품은 사람
그들의 눈동자 깊이 앉은 상처덩이 이 시간.

전통예능경진대회백일장 시조부문 최우수, 경남시조백일장 입상, 1991년 《문학세계》 신인상 시조 당선, 1993년 《새교실》 수필 천료. 황산시조문학상 수상. 시조집 《강물처럼》, 교육에세이 《아픔+시간=아름다움》. 경남시조시협, 마산문협, 경남문협, 경남여류문학회 회원

시조

단풍물

이우걸

가을에는 다 말라버린 우리네 가슴에도
생활을 눈감고 부는 바람에 흔들리며
누구나 안 보일 만치는 단풍물이 드는 갑더라.

소리로도 정이 드는 산 개울 가에 내려
낮달 쉬엄쉬엄 말없이 흘려보내는
우리 맘 젖은 물속엔 단풍물이 드는 갑더라.

빗질한 하늘을 이고 새로 맑은 뜰에 서보면
감처럼 감빛이 되고 사과처럼 사과로 익는
우리 맘 능수버들엔 단풍물이 드는 갑더라.

경남 창녕 출생. 1973년 《현대시학》으로 등단. 중앙시조대상, 가람시조문학상, 이호우시조문학상, 정운시조문학상, 한국문학상, 성파시조문학상 등 수상. 경남문인협회장, 밀양교육장, 오늘의시조시인회의 의장 역임. 시집 《저녁이미지》 《나를 운반해온 시간의 발자국이여》 등, 산문집 《질문의 품위》, 평론집 《현대시조의 쟁점》 《우수의 지평》 《젊은 시조문학 개성 읽기》 등. 현재 경남문학관 관장

물 바뀌면 우찌 사노

이정홍

먼 뱃길 미역 향기 달뜬 섬 아랫도리
물음표 걸린 주낙 코 박는 괭이갈매기
오징어 풍어기 날리면
큰애기는 시집갔지.

한바다 숨비 소리 뼈를 깎는 해녀 바람
산호초 뺄 돋는 패류, 날치처럼 떠나는가,
수평선
벼린 날에 베인
파시 불빛 침몰한다.

어부 아재 발만 동동 숨 가쁜 목선이여,
너울에 뜬 물풀 목숨
"물 바뀌면 우찌 사노"
거두는 그물코마다
적도 해류 넘실대고.

경남 진주 출생. 2009년 《경남신문》 신춘문예로 등단

시조

이사 온 소나무

이처기

챙그랑,
부딪치는 강철판 울림에
파얽는 중장비에 자유가 저당당한
흙 묻은 청솔 기둥이 밧줄에 기대 섰다

"함께 가요 우리" 주택공사 구호 펄럭이고
넘어진 팻말 아래 묵은 씨앗 뒹군다

하늘은
늘 보던 하늘인데
왜 움찔 움찔 하나
너는,

《시조문학》 천료. 시민불교문화상, 한국시조시인협회 본상 수상. 시조집 《평양면옥》 《화진포연가》 《장엄한 절정》. 경남시조시인협회 이사, 한국시조시인협회 중앙위원, 《시조세계》 편집위원, 포에지창원 회장, 남해문학회 · 가락문학회 고문

우리는 이젠, 진품을 찾아야 한다

임성구

오늘날 아이돌 가수 미로 같은 노래에
박물관 한쪽 모서리 낡은 것이 툭 떨어진다

미닫이 흑백상자 저쪽
이미자 동백꽃도

그립다는 건 연어에게 고향 물길 묻는 것
선명한 발자국 찍은 나이테가 운다는 것
단장의 그 고갯길도
축음기에 갇혀 울고

감정 없는 저 일회용 명품 꽃 지고 나면
환각 같은 불빛 먹은 충무로 깊은 골목
무시로 자살유도등이 떫은 감꽃 줍는 밤

경남 창원 출생 1994년 《현대시조》 신인상으로 문단활동, 시조집 《오랜 시간 골목에 서 있었다》. 한국문인협회, 한국시조시인협회, 한국시인협회 회원, 〈석필〉·〈영언〉 동인 활동. 경남시조시인협회 홍보간사, 오늘의시조시인회의 사무차장, 경남문인협회 사무국장, 창원문인협회 감사, 고향의봄기념사업회 이사로 활동. 현재 창원 용호고등학교 재직

시조

닭발의 힘

정현대

경기 안산 「정든 닭발」집 사장 김영숙
고운 심성 정성으로 버무린 매운맛에
이 겨울
따뜻하겠네
훈훈한 그 마음에.

젊은 시절 어려움 눈물로 이겨냈지
50대 여 사장님 역도에 매료된
어엿한
중견 사업가
당연한 고진감래.

장미란, 사재혁 등 우리 선수 꿈을 위해
가난할 때 받은 도움 가슴속에 새겼다가
베풀며
살아가시는
선수들의 어머니.

《현대시조》 당선. 시조집 《낯설음 속의 낯익음》 외 다수. 진주문인협회 회장, 경남문인협회 부회장 역임. 한국시조시인협회 상임위원

황매산의 봄

제민숙

꽃보다 더 환한 사람들
황매산을 오른다

바람보다 더 빠르게
산허리 감싸는 안개

꽃잎에
입맞춤하다가
바위에 사뿐 앉는다.

아득한 하늘가에
그리움 두엇 얹어두고

냉가슴 쓸어내리며
맘 졸이던 시간을 지나

경남 고성 출생. 1999년 《자유문학》 신인상 등단. 한국문협, 경남문협, 한국시조시인협회, 경남시조시인협회 회원. 고성예총 사무국장

수줍게
얼굴 붉히며
눈부시게 타오른다.

가을 그림

최재섭

햇살 출렁여도 허수아빈 말이 없다
흥이 시름으로 바뀐 우리 당숙 장탄식을
은근히 들녘 펴놓고
채보採譜하는 것일까.

높아가는 하늘 어귀 바람이 끌고 있다.
장가 못 간 젊은이는 경운기가 원수 같고
새떼로 몰리는 시간들 쭉정이만 뒤룬다.

산그늘에 안기면서 나래 접는 야윈 마을
그래도 밤은 가만 솜이불 내리는가
별 하나 느닷없이 나와 눈물 돌듯 반짝이네.

경남 고성 출생. 경남대 대학원 교육학 박사과정 중. 제39회 《개천문학》 신인상 준당선, 《시조문학》 천료. 《시조문학》 천료작 모음집 《네 계절의 노래》 엮음. 현재 거제중앙고등학교 교사

백수통신 · 2

하순희

졸업과 동시에
떠돌이 배뱅이라

가사일을 처리하고
집에만 박혀 사는

졸백과 가백이라네
화백도 불백도 아닌

경남 산청 출생. 1989년 《시조문학》 천료, 《아동문학연구》 동시조, 《경남신문》 《서울신문》 신춘문예 시조 당선. 중앙시조대상 신인상, 경남시조문학상, 성파시조문학상 등 수상. 시집 《별 하나를 기다리며》 《적멸을 꿈꾸며》. 경남시조시인협회 부회장, 《火中蓮》 편집장

모르는 병에 죽어가는 줄 모르고

홍진기

수속을 마친 친구 함박같이 웃고 있다

차트에 제 이름이
정상인이 되었다며

병원 밖
하많은 사람이
중환잔 줄 모른 채

병실에 누운 환잔 치료라도 되겠지만

병명조차 알 수 없는
희괴병을 깔고 앉은

오달진
세상 도처가
발병진 줄 모른 채

국제펜클럽 자문위원. 한국시조시인협회 이사. 한국문협 원로회원. 한국현대시인협회 중앙위원. 국제펜클럽 경남지역 부회장. 창원문협 · 가락문학회 · 포에지창원 등 고문. 창원예총 · 도립도서관 창작지도

동시

김재순
김철민
이 림
이창규
조현술
최영인

동시

강아지 무덤

김재순

꼬리를 살랑살랑
들고 날면 맞아주고
폴짝폴짝 멍멍
친구처럼 놀아주던 옆집 강아지

그 강아지 노랫소리 그친 건
초복인지 중복인지
복날이래요.

깨갱깨갱~
울음소리조차도 끊어진 날 만들어진
무덤은
그 집 할아버지 몸속이래요.

햇볕도 들지 않고
바람도 찾지 않는
캄캄한
무덤이래요.

1977년 《교육자료》 동시 천료(황금찬 시인 추천). 동시집 《바람은 나만 빼놓고》(2000) 외 다수. 한국동시문학회 부회장, 경남아동문학회 부회장, 마산대학 평생교육원 〈시조창과 시낭송〉 출강, 함안 가야초등학교 교사

고향 가는 길

김철민

아가 등에 업고
양손에 큼직한 선물 꾸러미 들고
귀성열차 고향 가는 길
차창 밖으로 살 오른 열매들
오곡백과 무르익은 농촌 들녘
새 쫓는 허수아비 풍년을 약속합니다.

모두들 환한 얼굴
오랫동안 뵙지 못한 친지
시골집 한마당 잔치 분위기입니다.
새벽녘이 차라리 바쁜 어머니
솥뚜껑에 빈대떡 부치며
담장 위로 구수한 냄새 날리며
이웃과 따뜻한 정을 나눕니다.

1948년 서울 출생. 한국아동문학연구회 · 월간《아동문학》 신인문학상 동시 당선, 자유문학청소년시인상, 해강아동문학상, 경남문학우수작품집상, 세계계관시인상 통일본상, 고려문학능금상, 영남아동문학상, 한국아동문학대상, 한국아동문학창작상, 한국아동문학작가상 수상. 위인전기 《쿠베르탱》, 동시집 《별과 등대와 꽃편지》 외 다수, 시집 《언제나 내게 소중한 당신》. 세계시인협회(WAAC) 명예문학박사 학위

성묘 가는 오후길
빽빽한 차들 곡예운전 뚫고서
 조상의 숨결이 잠드신 이곳
겨우 겨우 산봉우리 언덕 아래
재단의 향 내음 새롭고
정성껏 마련한 떡과 과일
색동 바지저고리 입은 우리 아가
앙증스럽게 치맛자락 매달려
다 같이 절을 올립니다.

돌아오는 길목
내 머리 위로 둥근 달 따라오고
온 세상 환히 비추는 아름다운 길.

마라도는 바쁘다

이 림

자장면~ 시키신 분
맛 짱 영양 짱, 마라도 해물자장!
5분 만에 나와요!
텔레비전에 방송된 그 집!

원조 볶음 자장
일본에까지 배달된 그 자장면!
갯바위에도 팔딱팔딱 배달되는 자장면!
텔레비전에 제일 먼저 방영된 집!

두 자장면 집 모니터는 주절주절 외쳐대고,

모듬회 한 접시 만 원!
입에 살살 녹는 자연산 소라!

간이 횟집들도
떠들썩

경남 창원 출생. 《서울신문》, 《경남신문》 동화 당선. 동화집 《안녕하세요?》 《빛나라 등대야》 등 다수. 창원문협 회장

저기 마라분교, 보건소, 교회, 등대, 장군바위…
저긴 기원정사, 저어긴 가파도…
빨리 돌아
한 바퀴 빨리 돌아
열시 반에 들어온 배 열두 시면 떠나
김치!
사진 찍는 사람들

하루에도 몇 번씩
한 배에 200명씩
북적북적
복작복작

작은 섬은 바쁘다
맑은 날마다 아프다

강물에게

이창규

물에게 물으니
속마음까지 보이며
거울같이
맑고 밝게 살아라 한다.

물에게 물으니
목마른 사람에겐
몸까지 주며
은혜 잊지 말라 한다.

물에게 길 물으니
처음 만나는
샛강도 어깨 겯고
바른길 따르라 한다.

한국아동문학상, 한정동아동문학상 수상. 창원문협 회장 역임. 저서 《강아강아 낙동강아》 외 35권. 한국문인협회 · 국제펜클럽 한국본부 회원, 한국아동문학가협회 · 한국아동문학회 중앙위원, 한국동시문학회 · 한국아동문예작가회 이사. 창원대 초빙교수

동시

조현술

이슬

이슬은
참 귀가 여린 족속인가 보다
밤새껏 귀뚜라미 얘기 다 들어주더니
저토록 눈물방울로 그렁그렁 맺혔다

지순한
영혼의 얘기 담을 수 없어
마음속 방울방울 진주로 엮었지만
기다린
햇살 앞에서 입 다문 채 떨고 있소

착한 것
그게 죄라서 풀잎에 숨어 살지만
누군가 함께 울어줄 이 있을까
살며시
새벽 풀잎에
까치발로 모여든다

경남 함안 출생, 경남대학교 대학원(교육학 박사). 《경향신문》 신춘문예 당선(동화), 《현대시조》 신인상, 《한국수필》 신인상. 경남아동문학상, 마산시문화상 수상. 동화집 《까치골에 뜨는 달》, 《아빠의 기도》, 《모나리자의 눈물》 등 다수. 함안문협 창립 사무국장, 마산문협 회장, 《경남문학》 편집장 역임. 경남아동문학회장

어머니의 알람 · 2

최영인

쿼커덕커덕 쨍~
쉐에엥~

요란하게 울리는 커터기 소리
어머닌 오늘도
노란 콩물을 만드시나보다

'단백질. 비타민, 이건 칼슘'
식탁 위에 차려 놓았을 아침 식단

–얼른 나와라!
–학교 늦겠다!

어머닌 큰 소리로 나를 깨우지만
나는 자꾸
자꾸
이불만 뒤집어써요

경북 영천 출생. 《경남신문》 신춘문예, 《아동문예》 동화, 《아동문학평론》 동시 당선. 경남아동문학상 수상. 한국아동문학인협회, 경남아동문학회 회원. 동시집 《외갓집 가는 기차》 《노란 딸기》

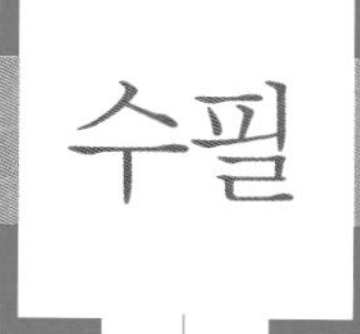

강현순 고동주 김경분 김상환 김현우 노영순
박순자 배정인 백남오 서현복 신태순 안순자
양미경 유명숙 윤미향 윤지영 이고운 이광수
이동이 이두애 이석례 이원기 이정하 차상주
하길남 하종갑 한후남 허숙영 허표영 황광지
황보정순

수필

강현순

편안함에 대하여

뒷굽이 낮은 구두 한 켤레를 샀다. 디자인도 예쁠 뿐 아니라 신어보니 발도 가볍고 편해서 마음에 꼭 들었다. 울퉁불퉁한 길도, 어두운 밤길도 걱정하지 않아도 되었다. 외출할 때면 망설일 필요 없이 그 신발만 찾았다.

살아오면서 나의 발을 거쳐간 신발이 수없이 많았지만 그중에서 가장 편했다. 신발을 신었는지 안 신었는지 모를 정도여서 고개를 떨구어 내려다볼 때도 있었다. 운전할 때는 물론, 도보여행 때도 신었다. 그야말로 기분마저 상쾌하게 해주는 신이었다.

그렇게 좋이 몇 개월을 신다가 어느 날 중요한 모임에 참석하기 위해 정장을 하고 그 옷에 맞는 굽 높은 구두를 신었을 때였다. 그런데 몇 걸음 못

경남 창원 출생. 1993년 《한국수필》 신인상 등단. 남명문학상신인상, 경남문학상신인상, 경남문협우수작품집상, 부산한국수필문학상 수상. 한국수필가협회 이사, 경남수필문학회장 역임. 수필집 《좋은 예감》 《세 번째 나무》. 한국수필작가회 · 경남문협 · 창원문협 이사, 《경남문학》 편집장

걸어서 뭔가 신체에 이상이 있음을 감지할 수 있었다. 난생처음으로 굽이 높은 구두를 신는 듯 걸음걸이가 어색하였고 무어라 형언할 수 없는 불편함을 느낄 수 있었다. 주위에서 내 걸음걸이에 시선이 쏟아진다고 생각하자 걷기가 더 힘들어졌다. 행사장 구석진 곳에 가서 발을 만져보기도 하고 신을 벗었다가 신었다가 해답을 찾으려 안간힘을 써 보았으나 허사였다.

우울한 기분으로 집에 도착하였을 때였다. 신발장 문을 여니 항상 즐겨 신던 그 단화 한 짝이 뒤집혀져 있기에 정리하다가 그때사 나는 알 수 있었다. 그 오른쪽 신 한 짝의 굽이 바깥쪽으로 기울어져 있었던 것을. 그러니까 굽의 바깥쪽 반만 닳은 것이었다.

그동안 신이 편하다고 걸음을 걸을 때 조심성 없이 마음놓고 걸었던 게 원인이었다. 거실에서 맨발로 걸어보며 나의 걷는 모습을 눈여겨보았다. 아! 이게 웬일이람. 오른쪽 발이 저절로 옆으로 비스듬히 기울어지는 것이 아닌가.

그간 나는 단지 그 편하다는 신만 믿고 나의 자세가 볼썽사나워져 가고 있다는 걸 몰랐던 것이다. 요 몇 달 동안 나의 흐트러진 자세를 눈여겨본 사람이 있었다면 얼마나 속으로 웃었을까.

누구나 편안한 생활을 꿈꾸지만 기실 편하다는 것은, 긴장에서 벗어났다는 뜻이 아닌가. 가령, 편한 차림은 헐렁한 잠옷이나 밋밋한 운동복 같은 옷을 입었을 때이고 편한 자세란 그 편한 차림으로 마음놓고 행동하는 것이다. 본인이야 좋을지 모르나 그 모습을 바라보는 사람의 표정은 그다지 밝지는 않을 것이다. 분명 흐트러진 모습에다 언행 또한 곱지 않을 테니 말이다. 그렇고 보면 편안함이란 잠시 잠깐이어야지 언제까지나 즐길 것은 못 되는 것 같다.

그동안 나는 가족에게 편하다는 이유로, 벗님에게 친하다는 핑계로 이해해주겠거니 착각하고 해서는 안 될 말과 얼굴 찌푸리는 행동을 얼마나 하였을까 싶어지니 얼굴에 모닥불이 핀다.

한동안 신발의 편함에 길들여져 있다가 그 편안함이 마냥 좋기만 한 것이 아니라는 것을 때늦게 알게 된 나는 결국 더운 여름날, 한의원에서 물리치료를 받으며 마음속으로 수없이 반성문을 쓰고 있다.

수필

어쩌다 이 지경까지

고동주

최근에 중고등학교 학생을 상대로 특강을 맡은 적이 있었다.

교단校壇에 서는 순간, 첫 만남인데도 서먹하지 않은 자연스런 분위기였다. 자세히 둘러보았더니, 강의를 시작하기 전인데도 서너 명의 학생이 벌써 엎드려 자는 것이 아닌가. 곁에 있는 학생더러 깨우도록 했으나 잠시 후 다시 엎드려버린다.

다른 학생들도 귓속말 정도가 아닌, 소곤거리는 분위기가 수선스러워 마이크 없는 육성 강의에 부담을 느낄 정도가 되었다. 조용히 하도록 주의를 주었지만 잠시뿐, 소용이 없었다.

평소 수업태도가 이렇게 길들어져서 이미 굳어진 것이 아닌가 싶기도 했

《경남신문》 신춘문예 당선, 《한국수필》 추천완료. 국제PEN클럽 한국본부 경남지역 위원회 회장 역임. 수필집 및 저서 《사랑바라기》 외 9권. 한국문인협회 이사, 한국수필가협회 수석부이사장. 민선 1 · 2기 통영시장 역임. 창신대학 통영캠퍼스 담당 학장

다. 그런 와중에서도 초롱초롱한 눈빛들이 있어 그들만을 바라보고 강의를 했다.

도대체 수업태도가 왜 이렇게까지 되었는지 충격적이었다. 시원찮은 내 강의기법을 비롯한 여러 가지 원인이 있겠지만, 언뜻 떠오르는 것이 그동안 말썽이 되어온 '체벌금지' 라는 정체正體가 주범이 아닐까 싶었다.

물론 가혹한 체벌은 금지되어야 마땅하다. 그런데, 가벼운 체벌이나 간접 체벌 등은 장차 인간답게 성숙시키는 단련의 수단임이 오랜 전통 속에 진리처럼 인정되어왔던 것이 아닌가. 그따윈 신세대에 어울리지 않는 발상이라면 더 할 말은 없다.

그러나, 정원에 나무 한 그루를 가꾸어도 곁가지는 제때에 잘라주어야 아름답게 자라듯이 인간도 나쁜 습관일랑은 어릴 때부터 바로잡아야 하는 것이, 세대가 아무리 변해도 마땅한 방법일 것이다. 그런데 그것을 억지로 막아서는 것은 내일의 이 나라 주인공들이야 어떻게 자라든 상관없다는 속셈인가. 학부형들도 가벼운 체벌까지 교사를 공격하고 나선다면 그 아이의 삐뚤어지는 인성은 어쩌자는 셈일까.

또 제도야 어떻든 사도師道의 길을 외면하지 말고, 애정과 눈물과 땀으로 보살폈더라면 지금과 같은 현상은 나타나지 않았을지 모른다.

몇몇 교사들의 여론을 들어보았더니, 내가 교실에서 겪었던 충격적인 사건은 전국 어디에서나 쉽게 접할 수 있는 전반적인 교실 분위기의 일면이라 했다. 심할 경우 학생의 절반 이상이 자는 교실도 더러 있다는 것이다. 그것도 매 시간마다…. 밤에는 각자 인터넷 게임 등 하고 싶은 일 하다가, 등교한 시간은 자야 하니 교사들도 어찌할 방법을 찾지 못한다고 했다. 편하지는 못하지만 잠을 자도 교실에서 자야 졸업장이라도 나오기 때문에 학생들의 고생도 만만치 않다.

또 스마트폰시대의 새로운 횡포가 가관이라는 보도가 있었다. 가장 엄숙하고 진지해야 할 수업시간에 학생들은, 춤과 장난으로 난장판을 이루면서 교사에게 '때려보라!' 고 놀리는 동영상을 인터넷 방송에 연결시켜 세상에 널리 공개하는 지경에 이르렀다.

또 칠판에 판서板書하는 여교사 치마 속을 몰래 찍어 미니홈피에다 자랑하고 있다는데 이런 분위기를 면학하는 교실이라고 보아야 하는가.

너무 심한 학생들을 발견하고도 학부모의 항의소동과 징계 때문에 그냥 지나친다면, 이미 교권教權의 회복마저 포기한 셈이 아닌가.

한편, 제 맘대로 이기적으로만 살아가는 존재를 그대로 자라도록 방치하는 것이 인권을 지키는 일이고, 백년대계라고 착각하는 사고私考가 교육현장을 지배하고 있다면 그것은 병 중에도 망국지병亡國之病이 아닐까 싶다.

문제 학생들로 인해 선량한 많은 학생들의 면학勉學 분위기를 해치는데 대한 보상은 누가 책임져야 하는가.

어쩌다 이 지경까지 되었단 말인가. 이 나라의 내일이 심히 걱정스럽다.

문제는 교육을 비롯한 정치 지도자들과 교사와 학생과 학부모가 하나같이 교권이 무너진 교실의 모습을 조국 장래의 거울에 각각 비쳐보면서, 객관적이고 냉정한 입장에서 처방을 마련할 일이다.

다듬지 않은 보물이 어디 있으랴! 스스로 어둠을 자초하는 어리석음을 떠나, 사도師道가 횃불을 높이 든 교실 분위기이기를 기대해본다.

수필

김경분

셋째는 더 예뻐

널리 알려졌던 산부인과 병원들이 문을 내린 지 오래다. 그때의 병원은 임산부들로 넘쳐나 진료를 받기 위해 한두 시간 기다리는 것은 예사였다. 내가 셋째 아이를 낳았던 병원도 오래 전 등산용품 전시 · 판매장으로 변했다. 그곳을 지날 때마다 입원실이 없어 출산 후 바로 집으로 왔던 생각이 난다.

지난봄 난 쌍둥이 손자 손녀의 외할머니가 되었다. 키울 일이 큰 걱정이었는데 어느새 방긋방긋 웃으며 옹알이를 하고 눈까지 맞춘다. 일주일에 분유를 두 통 넘게 먹고, 예순 개가 든 기저귀를 네 박스쯤 쓴다는 집안은 쌍둥이들의 흔적으로 항상 전쟁터 같다.

경남 산청 출생. 《경남문학》 · 《자유문학》 신인상 수상

3차까지 맞아야 한다는 각종 예방접종 날에는 세 사람이 움직인다. 한 사람은 운전을 하고 두 사람은 쌍둥이들을 하나씩 안고 기저귀와 우유병 물통이 든 가방을 메고 병원으로 간다.

중간 가격의 분유 한 통 삼만 원, 기저귀 한 박스 이만 원, 각종 예방접종비가 몇만 원에서 이십만 원 가까이 하는 것도 있다니 놀랍다. 젊은 사람들이 아기를 잘 갖지 않으려는 이유를 이해할 수 있을 것 같다. 뜻밖에 두 아이의 아빠가 된 사위를 볼 때마다 나는 '쌍둥이들 분유값 벌어들이느라 고생 많다' 고 입버릇처럼 말한다.

예전에 내가 살던 뒷집은 자식이 열둘이었다. '아들 딸 구별 말고 둘만 낳아 잘 기르자' 에서 '잘 키운 딸 하나 열 아들 안 부럽다' 로 저출산을 장려하던 때였다. 보건소의 피임약도, 면사무소 가족계획 담당자의 간절한 설득도 아무 소용이 없었다. 밥상은 시래기죽과 보리 껍질로 만든 동그란 개떡 몇 개가 전부였다. 그러나 아이들 모두 포동포동 살이 찌고 싸우고 보채지도 않았다. 방이 좁아 마루나 부엌 섬돌 밑에서 잠을 자고 옷은 방 가운데 거름더미처럼 높게 쌓아 놓고 제각각 마음에 드는 것들로 골라 입었다.

가난한 집안형편이었지만 그래도 그들은 그 속에서 질서를 배우고 남을 위한 배려를 배웠다. 가난했지만 웃음소리가 끊이지 않았고 웬만한 일은 어른들의 도움 없이 스스로 해결했다. 바쁜 부모를 대신해서 형과 누나들이 내리내리 동생들을 키워냈다. 그들 나름대로의 규칙 속에서 서로에게 힘이 되고 의지가 되었다. 지금 열두 명의 형제들은 각자의 적성에 따라 기술도 배우고 공부도 하고 부모를 도와 농사도 짓는다고 한다.

아이들의 웃음소리를 듣기가 점점 어려워지고 있다. 국가에서는 옛날처럼 출산율을 높이려고 애를 쓰지만 그다지 효과가 없는 것 같다. 임신에서 출산까지만 천만 원이 든다고 하니 부모가 되는 것이 얼마나 부담스럽겠는가.

딸아이의 임신과 출산, 그리고 키우는 과정을 가까이서 지켜보니 현실적으로 문제가 많았다. 가계에 부담이 되는 예방접종도 걱정 없이 할 수 있었으면 좋겠고, 셋째 자녀 출산 후부터 받게 되는 산후 도우미제도는 첫 출산 때도 절실히 필요해 보였다. 물론 저소득층을 대상으로 이런저런 혜택이 조금씩 있다고는 하지만 까다롭게 정해 놓은 그 기준에 맞는 사람들이 과연 얼마나 될지가 궁금했다. 첫아이를 서툴고 어렵게 키워 본 엄마가 둘째, 셋째를 가질 엄두를 낼 수 있겠는가.

웬만한 시골 초등학교는 학생이 없어서 문을 닫고, 아기 울음소리로 시끄럽던 산부인과 병원은 임산부가 없어서 문을 닫는다. 출산율이 높아야 경제대국을 꿈꿀 수 있고 우리 사회의 미래도 든든하지 않을까.

쌍둥이 키우느라 밥 먹을 시간도 없는 딸은 다시는 아기를 갖지 않겠다고 한다. 하지만 시간이 좀 지나면 나는 두 사람에게 슬쩍 말을 해 볼 작정이다.

"셋째는 더 예뻐!"

수필

아침 습사習射

김상환

아침에 활을 들고 가야정에 오른다, 200여 계단이 있어 알맞다. 숲이 우거져 있고 과녁 주변의 푸른 숲도 손짓해 반기고 새들도 푸른 하늘 흰 구름 찾아 높이 솟고 있다.

정에 활을 걸어 놓고 아라공원으로 오른다. 여러 곤충, 새들 합창의 감미로움을 들을 수 있어서 감사하다. 아직 푸른 밤송이, 칡넝쿨의 힘찬 손 뻗음을 바라보며 아라공원 산책을 한다. 아침 7시에 다시 돌아오면 최도, 박도 습사하기 위해 활을 손보고 있다. 사대에 서서 과녁을 향해 활시위를 당긴다. 새 아침을 뚫는 소리도 참 좋다. 관중했다고 전해주는 아름다운 소리가 흘러나온다. 나의 살은 과녁 부근에 흙을 뚫어 먼지만 일고 있다.

진주사범학교, 한국통신대학교 초등교육학과 졸업. 1994년 《수필문학》 등단. 함안문협 회장, 함안예총 지부장, 가야초등학교장 역임. 한국문협, 경남문협, 수필문학추천작가회, 남강문우회 회원. 한국수필문학가협회 이사

박은 바로 출근을 할 준비를 하고 오신다. 정 가까이 직장이 있기 때문이다. 박은 말이 적다. 묵묵히 활시위만 멋지게 편안히 당긴다. 습사에 정신을 집중하고 있음을 사대에선 자세를 보고도 충분히 알 수 있다. 깍지손을 놓고 응시하는 모습도 멋있다.

최는 사업하는 분인데 아침시간은 자유스러워 활쏘기 수련을 하고 있다. 다양한 활동가다. 디자이너, 수영, 탁구, 스포츠댄스도 한다. 이야기가 좋다. 두 딸도 대학에서 디자인 전공이란다. 시사 관심 있어 의견 발표를 잘한다. 듣기 좋다. 키가 보통보다 크고 건장한 몸매로 멋있다.

아침 활 쏘는 모습도 보기 좋거니와 관중하는 소리가 맑고 밝게 전파 음으로 들려온다. 나는 날아가는 화살이 관중하고 자연 그대로의 "쿵" 하는 소리를 듣고는 "얼씨구 좋-타아" 큰 소리를 치며 환호하며 격려한다. 다른 회원들은 오후에 와서 습사한다.

그런데 이 좋은 가야정과 이별할 날이 멀지 않았다. 종합운동장 쪽 신축한 곳으로 이사할 준비를 하고 있다. 집이 바로 가까이 있기에 가야정에 오르기가 너무나 좋았는데 이사를 하고 나면 섭섭해 어쩌나 하고 있다.

궁도는 우리 민족의 상징적인 무예였고 찬란한 민족문화를 지켜온 호국의 무예로서 오늘날 국민정신을 함양하고 예의와 규범을 중시하며 심신단련에 최적인 스포츠임을 알고 입회를 했었다. 특히 호연지기浩然之氣를 기를 수 있는 최적의 스포츠임을 강조하신 선배들의 덕분이다.

과녁을 향해 쏜 화살이 과녁 부근에도 없어 근처 숲속에서 찾아오고, 시위를 당기다 고개를 돌려서 볼을 때려 맞고 아파도 참았고, 아랫배에 힘을 주라는 말을 듣고 허리띠를 졸라매고 힘을 너무 과하게 주어 내장이 쭉 늘어지는 감을 받아 놀라기도 했다. 힘차게 밀고 당겨도 촉이 들어오지 않았다. 무리하게 활을 당겨 몸살을 하기도 했다. 각종 대회에 개인전에 많이 참가는 했지만 수상실적은 없다. 그래도 사우들과 함께 참가하는 데 흥겨웠다. 최우수자는 15시 15중 한 자다.

활을 쏠 때 줌손은 태산을 밀듯이 강하게 밀고(前推泰山), 뒤에서 잡아당기는 깍지손은 호랑이 꼬리를 잡아당기듯 강하게 당기고(後握虎尾), 몸은 바른 자세로 흉허복실胸虛腹實하여 항문도 발가락 끝도 끌어당겨 힘을 가해서 쏘아야 한다고 했다. 그래야 호연지기를 기를 수 있단다. 호연지기에 끌려서 꾸준히 습사를 했다. '불不은 관중의 시초다' 라고 믿고 원인을 찾아 수정보완을 해 계속 습사에 몰두했다.

1991. 5. 17에 몰기沒技(5시 5중)를 했다. 입회해서 기본자격을 얻는 과정이다. 기분 좋은 날이었다. 사원들 앞에서 몰기장沒技章을 받을 때는 궁도인으로 자부심을 갖고 더욱 수련할 것을 다짐했었다.

박은 운동복으로 갈아입고 활을 천천히 들고 호흡을 조정해 천천히 당겨 과녁을 향해 숨을 멈추고 있다가 편안히 발시한다. 그 자세가 편안해 보는 사람도 마음이 편안하다. 많은 습사를 한 결과이다. 그토록 난 어렵던 촉까지 자연스럽게 당겨지는 게 참 보기가 아름답다. 과녁에 명중한 소리가 나든 안 나든 무심인 듯 표정과 자세가 변함없는 것도 매력이다. 관중한 아름다운 소리를 많이 듣는다.

최는 관중률도 높고 잘 쏘는데 더 잘하기 위해 줌손을 내밀 때 팔꿈치를 약간 안쪽으로 비틀어야 화살이 안정이 되는데 습관이 잘못 들어 그냥 바로 밀고는 그냥 발시했기 때문에 불만이라 습관 교정에 열중한다. 이분들은 아침마다 15시 이상 쏘는 강한 체력이 부럽다.

'궁도 9개훈' 이 있는데 나는 화살을 날릴 때마다 화살 이름에 9개훈을 마음속으로 하나씩 붙여서 습사한다. 즉 '인애 덕행, 성실 겸손, 자중 절조, 염직 과감, 예의 엄수, 습사 무언習射 無言, 정심 정기, 불원 승자不怨勝者. 막만 타궁莫彎他弓' 하며 날린다.

잠깐 쉴 때도 의자에 둘러앉아 좋은 자연의 품에 안겨 흥미로운 주변 애기들도 새 아침의 새 맛이다.

가슴을 펴고 바른 자세를 확립하여 흉허복실하여, 전추태산, 후악호미하여 촉까지 당겨서 숨을 멈춘 채 과녁을 정조준하여 발시하고 나면 성취감과 자신의 잘못을 수정 보완을 계속하는 과정에서 호연지기를 기른다. 과녁을 명중하든 안 하든 관계없이 새 하늘을 꿰뚫고 날아가는 힘찬 화살의 활력을 먹는다. 숲속의 과녁과 흰 구름, 정을 둘러싼 소나무, 벚꽃나무, 산수유 등 숲이 내뿜는 맑은 공기를 먹는다. 상쾌한 아침이다, 빨강, 파랑, 연보라 나팔꽃도 방긋 웃어준다. 아침 습사는 새 아침이요, 새 날이요, 새 사람이요, 새 마음을 먹는다.

김현우

소벌과 우포늪

창녕에 있는 소벌이 태곳적 신비의 늪으로, 수천 년 전의 자연 생태를 고스란히 지니고 있는 자연보고, 생명의 늪으로 널리 알려져 있다. 이 늪은 여러 해 전부터 사람들 입에 오르내리고 신문과 텔레비전에 심심치 않게 보도가 되더니 유명 관광 명소로 떠올라 부곡온천을 지나는 길손들이, 화왕산을 오르는 등산객들이 으레 이곳을 들러 넓은 늪 가득 찬 가시연꽃이나 버들숲을 경이에 차 바라보곤 한다. 그런데 정작 그 늪의 순수 우리말 땅 이름이 '소벌' 인 줄을 알지 못한다. 우포늪은 알아도 소벌은 모른다.

우포牛浦는 소벌의 한자 표기일 뿐이다. 늪 가 토박이들은 여전히 소벌이라 부른다.

경남 창녕 출생. 1964년 월간 《학원》 장편소설 당선. 황우문학상, 경상남도문화상, 경남아동문학상 수상. 창작소설집 《육개명물전》 《먼 산 아지랑이》 《완벽한 실종》 창작동화집 《도깨비동물원》 외 다수. 장편소설 《하늘에 기를 올려라》. 경남문학관 초대 사무국장, 경남아동문학회 · 창녕문협 회장 등 역임. 경남문협 · 마산문협 · 창녕문협 · 경남아동문학회 이사, 경남펜클럽 고문

늪이나 습지를 창녕사람들은 '벌' 이라 부른다. '벌' 은 넓은 들판, 마을, 나라의 옛말이기도 하다. 서라벌, 비사벌 할 때의 그 '벌' 이다. 소벌의 '소' 는 우리가 잘 아는 바 그대로 '소:牛' 다. 우직하고 충성스런 머슴, 돋아난 두 개의 뿔은 저항을 안으로 삭이는 상징, 땡볕이 내리쬐는 여름 한낮 동구 밖 버드나무 그늘에 서서 반추反芻로 한을 삭이는 한가로움을 보여주는 동물이 바로 소다. 그러니까 한자로 지명 쓰기를 좋아하는 일본 사람들이 소벌이란 한국적 정감이 서린 늪 이름을 내팽개치고 소- 우牛, 벌=개- 포浦로 「牛浦」로 썼고 그 이후 그걸 모르는 사람들이 너도나도 우포에다 '늪' 자 한 자 더 덧붙여서 「우포늪」이라 한다.

늪 주변 관광객 호주머니 바라고 와서 사는 사람들마저 '소벌' 은 모르고 산다. 토박이들만 "우포가 아니라 소벌이라"고 일부러 강조해 큰 소리로 불러 보건만 어느새 소벌이란 땅이름은 점점 잊히고 사라지고 우포란 지명만 맹위를 떨친다. 1970년대 말, 소벌의 비경이 《경향신문》에 칼라 사진으로 최초로 보도될 때 소벌은 무시되고 우포로 소개된 때문이다. 지도에도 소벌은 없어지고 우포가 자리 잡았다. 먼 곳 사람이 하루 관광을 했다면 우포밖에 모를 것이다. 그러나 인근에 사는 사람들마저 우포라 쓰는 경우가 허다하니 참 모를 일이다.

소벌이 최근 또 하나의 명예를 안게 되었다. 시인들 사이에 우리나라 3대 「시詩의 성지」라 어디어디를 꼽는데 그 속에 하나로 불린다고 한다. 반갑고 고마운 일이다. 뭐 섬진강에다. 또 어디인가? 그러면서 시인들이 쓰는 시의 작품 제목이 섭섭하게도 운치 있는 순수 우리말 땅이름 '소벌' 은 제쳐놓고 '우포' 이다. 우리말을 사랑하고 한글로 시를 쓰면서, 아니 그렇게 자부하는 사람들이. 자칭 타칭 우포의 아름다움을 노래한다는 작품들의 제목이 하나같이 "우포"요 "소벌"은 아니어서 창녕이 고향인 사람에게는 섭섭할 뿐이다. 땅이름 하나가 뭐 대수냐고 할지 모른다. 우포면 어떻고 소벌이면 어떠

냐고 웃어넘길 수도 있겠지만.

수천 년의 신비를 지닌 자연보고라 하는 찬사에 걸맞으려면 늪과 함께 이어져 내려온 땅 이름을 그대로 사용한다면 더욱 좋은 일이라 할 것이다. 특히 문학 작품이면 더욱 앞장서야 한다. 한자 좋아하는 사람들이 근세에 표기한 「우포」보다 그 땅에 생명을 박고 살아온 토박이들의 그 늪에 따른 질긴 인연과 이야기가 서려 있는 「소벌」이 더더욱 생생한 이름으로 불리어졌으면 한다.

수필

노영순

엿 한 가락

토요일 오후 시댁을 찾았다. 해마다 시험 치를 언저리엔 혹독한 추위가 오는데 올해도 유난히 춥다.

시댁에 들어서니 어머님은 마당가의 가마솥 앞에 앉아 엿을 고고 계셨다. 얼마나 되직한지 혹 눌지는 않는지 연신 젓느라 그 추위에도 이마엔 땀방울이 송송 맺혀 있었다. 솥뚜껑을 열자 들큰한 단맛이 하얀 김과 함께 물씬 피어올랐다. 아이들은 할머니 앞으로 작은 입을 내밀어 먼저 맛보려고 야단들이다.

"어머님, 저두요." 아이처럼 나도 혀끝에 단맛을 느끼고 싶은 충동이 일었다. 입가에 엿물을 묻힌 채 솥 주위를 팔짝팔짝 뛰어다니는 아이들의 천

전남 함평 출생. 1996년 《경남문학》 신인상, 1997년 《한국수필》 신인상 당선. 현재 노선생논술학원장

진스러움이 마냥 부러웠다. 아궁이에 장작을 집어넣으며 부지런히 움직이는 어머님의 손놀림을 주의 깊게 바라본다. 엿을 만들기 위해서는 여러 과정과 많은 손길이 필요했다. 그러나 만드는 법을 훤히 알지라도 오랜 경험에서 우러나오는 어머님의 손맛은 감히 흉내낼 수 없었다.

먼저 찹쌀 한 말로 불면 날아갈 듯한 고두밥을 시루에 쪘다. 미지근한 물에 엿기름 가루를 풀어 고두밥과 함께 한나절쯤 삭혀서 체로 걸렀다. 그런 다음 가마솥에 허연 엿물을 붓고 뭉근한 불에 이틀쯤 달이면 검붉은 빛이 도는 끈적한 갱엿이 되었다. 생강즙을 넣고 마지막으로 땅콩과 통깨를 솔솔 뿌려 고루 섞어 놓았다.

이제는 본격적으로 엿을 만들 차례다. 커다란 나무판을 방바닥에 깔고 갈분가루를 넉넉히 뿌렸다. 어머님은 적당히 식어 물렁한 엿을 한 움큼 떠내 기름 묻힌 손으로 재빨리 늘여 한쪽 끝을 내게 건넸다. 마치 풀 먹인 흰 무명천을 잡아당겨 손질하듯이 어머님과 마주 앉아 엿덩이를 늘였다간 오므리기를 반복하였다. 호흡이 서로 잘 맞으면 척척 소리가 나면서 누런색이 노랗게 되고 마침내 쌀처럼 하얀색으로 변했다. 당김질을 하면서 엿 속에 공기가 적당히 들어가도록 방문 여닫기를 잊지 말고 수차례 해야 한다. 한참 당기고 늘이다 보면 엿덩이가 굳어져 손바닥이 어찌나 아픈지 힘껏 당기지 못하고 번번이 어머님 쪽으로 끌려가곤 했다. 이런 숱한 과정들을 겪으며 직접 엿을 만들어 본 후부터는 엿 한 토막도 함부로 입에 넣을 수 없었다.

엿을 만드는 동안 어머님은 말씀이 없으셨다. 어깨에 힘을 들일 때마다 벌어진 잇새로 휘파람 같은 소리가 새어나올 뿐 이마에 주름이 깊게 패이도록 온갖 정성을 다하는 것이었다. 평생 당신의 삶이 남보다 몇 갑절 더 곤고로웠기에 자식에 대한 사랑은 유별나게 깊었다. 어쩌면 엿을 만들면서 그 많은 회한과 가슴앓이들을 삭히고 걸러내어 자식에 대한 사랑으로 이겨내

셨던 것은 아닐까!

당신의 속마음 한 자락도 미처 헤아리지 못했던 나는 철부지 며느리였을 것이다. 그러나 마주 잡은 엿가락을 통해 끈끈한 정이 오고감을 느낄 수 있었다. 때때로 내가 겪는 크고 작은 아픔들도 행복을 만들어 가는 과정이라면 참고 이겨내리라 다짐해 본다.

엿가락을 적당히 늘여 엿가위로 예쁘게 자르거나 숟가락 끝으로 톡 치면 바람 구멍이 생기는 게 재미있었다. 처음 만든 엿은 조심스레 석작에 담아 수험생 손자 몫으로 대청마루에 보관하셨다. 시장엘 가면 곱게 포장된 엿이 흔한 것을 아시련만 사나흘이나 걸리는 일을 굳이 당신이 자청하시는 것이다. 할머니의 이런 깊은 사랑을 손자들은 짐작이나 할까! 엿을 만드는 할머니의 사랑이 이러하니 내 아이들은 염려하지 않아도 바르게 자라겠지 싶다.

엿을 보면 큰언니가 생각난다. 나는 한 번도 뵙지 못한 조부시지만 맏이인 언니는 그분의 사랑을 듬뿍 받고 자랐다.

언니가 소학교에 입학한 해였다. 할아버지는 첫 소풍을 가는 손녀가 하도 귀여워 며느리 몰래 백 원을 주셨다. 당시로선 꽤 큰돈을 손에 쥐고도 언니는 하루 종일 아무것도 사 먹을 수가 없었다. 한결같이 거스름돈이 없다는 것이었다. 소풍을 마치고 터덜터덜 집으로 오던 언니는 마을 어귀에서 목판을 멘 엿장수를 만났다. 지전을 내밀자 엿장수는 웬 떡인가 싶어 언니에게 엿판을 몽땅 안기고 빠른 걸음으로 사라졌다.

두 겹의 엿판에 켜켜로 쌓인 엿을 언니는 행자라는 동무와 먹고 또 먹었다. 그러나 엿은 조금도 줄지 않았다. 아무리 둘러봐도 같이 먹거나 나누어 줄 동무들은 보이지 않는데 날은 저물어 갔다. 어린 마음에 분명 집에 가면 야단맞을 듯 싶었으리라. 궁리 끝에 언니는 마을 우물에 엿을 몽땅 빠뜨렸다.

오랜 가뭄에도 마르지 않던 샘에는 언제나 고만큼의 물이 찰랑거렸다. 엿을 다 녹인 우물은 이튿날 다디단 물을 고이게 했다. 갑작스레 물맛과 색이 바뀌자 마을에선 이변이라고 고사준비를 하는 등 소동이 일었다. 결국 겁에 질린 언니의 실토로 한바탕 웃고 그 사건은 가라앉았다. 언니가 질색을 하건 말건 어머니는 생각날 적마다 그 얘길 꺼내곤 하셨다.

골목에서 들리는 가윗소리에 마루 밑에 감춰 둔 빈 병 하나를 들고 대문께로 잽싸게 내닫던 어린 날의 기억 한 자락이 불현듯 그립다. 어린 날을 생각하며 엿 한 쪽을 입에 넣고 가만히 녹여 본다.

박순자

세상과의 소통

오월 하현달이 바다 위로 내려앉는 새벽이다. 열린 창으로 바람 한 줄기 달빛 묻은 갯내를 안고 밀려온다.

며칠 전 목포 바닷가에서 만난 할머니는 이 새벽에 무엇을 하실까. 싸릿대로 얼기설기 엮어 세운 울타리에 '효孝의 집'이라는 팻말이 적힌 오두막집, 세월을 이기고 서 있는 외딴집에서 홀로 살아가시던 할머니의 안부가 궁금해진다.

해(年)마다 5월~6월이면 어장에 넣을 치어를 사기 위해 몇 차례 목포 바닷길을 헤집고 다니곤 했었다. 그날도 시간적 여유가 있어 해당화가 붉게 핀 둑방길을 걸었다. 수없이 오가며 지나쳤던 곳이지만 그런 집에 사람이

2002년 《수필문학》 등단. 한국문인협회, 경남문인협회, 통영문인협회, 수향수필문학회, 물목문학회 회원

살고 있을 것이라는 생각을 못하였다. 머리칼이 하얗고 허리가 땅에 붙을 정도로 꼬부라진 할머니를 처음 봤던 것이다.

아침나절인데도 한낮처럼 뜨거운 마당에 자리를 펴고 앉아, 마늘 꼭지와 뿌리를 다듬는 손놀림이 어딘가 부자연스러워 사립을 열고 마당으로 들어섰다.

"어디서 뭘 하시는 양반인디 예까지 왔을란가?" 인기척에 고개를 들며 물으신다. 지나가다가 들어왔노라고 했더니 "내는 지금 이 일을 다 혀야 한게 앉았다 가시오." 다듬어진 것과 다듬어야 할 것들을 따로 구분하시며 쉬었다 가란다.

빛바랜 비닐 장판이 깔린 마루에 걸터앉으니 열린 방 안이 다 보였다. 어떤 도움을 받고 있는지 세간 거둠새가 정갈했다. 텔레비전도 있고 부엌으로 통하는 쪽문 사이로 전기밥솥도 보였다. 빨랫줄에는 하얀 비닐봉지 몇 장과 아침 설거지를 끝낸 듯한 물기 밴 행주가 바람에 흔들리고 있었다.

적적寂寂한 시간 속에 갇혀 있었던 탓이었을까. 옆에 앉아 몇 마디를 건네자 마흔 다섯 젊은 나이에 실명하여 35년을 귀로 몸짓으로 고단하게 살아온 숱한 세월을 풀어놓으신다. 열여덟에 시집와서 60년 넘게 살고 있는 오두막의 역사와 오남매를 두고 있지만 일 년에 한두 번 만나기 어렵다는 외롭고 슬픈 기억들을, 실타래 풀듯이 더듬더듬 가위질을 하시며 속엣 말을 들려주셨다.

"부모는 자식 위해 뭔가를 해 주고 싶어서 이렇게 하는디, 자식들은 부모가 하는 백분지 일만 혀도 효자가 될 것이오. 안 그렇소이?"

서글픈 푸념에 마땅하게 대답을 못하고 앉아 있는데, 일을 끝낸 남편이 둑방 저쪽에서 빨리 오라는 손짓에 어쩔 수 없이 싸리문을 나섰다.

살면서 부모사후경父母死後經을 알고 효孝를 실천하는 자식들이 얼마나 있을까. 봉양을 받아야 할 팔십 노모가 자식들 입에 맛난 먹을거리를 챙기고,

불효하는 자식을 남 듣기 좋게 역성드시는 어머니. 어머니의 애틋한 눈먼 사랑을 그 자식들은 알고 있는지 묻고 싶었다.

며칠이 지났는데도 외딴집에 찾아오는 사람 없이 쓸쓸하게 지내고 있을 할머니의 모습이 마음을 착잡하게 했다. 우리 주변에 이런 이웃들이 있기에 '고독사孤獨死' 라는 가십거리가 끊임없이 생기고 있는 것이리라.

지난 2월, 충남 아산 한 아파트에서 시신 2구가 같은 날 각각 다른 집에서 발견되었다는 신문을 읽은 적 있다. 숨진 사람들은 가족과 떨어져 '1인 1가구' 에서 고혈압 등 지병을 앓았다고 한다. 외롭고 힘들게 살아가다가 숨진 지 3일에서 7일 이상 방치되었다고 하니, 현재 우리 사회를 병들이고 있는 인맥의 양극성을 볼 수 있는 일이었다.

어떤 이유로 가족구성원을 못 이루고 그러한 변고를 당한 것인지…. 가족이 있어도 외로운 삶을 살아가는 사람들이 갈수록 늘어가는 추세다. 핵가족화되어 가는 사회구조와 개인주의 성향과 이기적인 편안함에 젖어가는 '인맥의 양극화 현상' 이 급격하게 진행되는 것을 누굴 탓하겠는가.

잘산다고 자처하는 일본도 혼자 살다 사망하는 고독사를 막기 위해 '미마모리(지킴이)서비스' 를 시작했었다고 하지 않던가. 고령자나 혼자 사는 집에 센서를 설치하여 스무 시간 이상 움직임이 없으면 자동으로 연락된다고 한다.

우리도 노인, 장년층들의 1인 1가구 비율이 급격한 속도로 늘어나는 지금 가족과 이웃들이 모르는 죽음이 발생하지 않도록 계획을 세워야 할 것이다.

일본처럼 센서를 부착하여 경보음이 울리도록 하는 방법도 좋을 것이고, 봉사자들뿐만 아니고 많은 이웃이 도움을 필요로 하는 이웃에게 따뜻한 관심을 갖게 하는 것도 좋을 것이다. 또 정부나 지방자치단체에서 전문적인 복지사업을 육성하여 공공서비스를 할 수 있으면 그것도 한 방법이 아니겠는가. 10년 20년 후, 우리의 모습이 어떻게 변할지 알 수 없는 일이니 미리

준비를 해둬야 할 일들이다.

누군가의 도움 없이는 사립 밖으로 한 걸음도 옮겨 갈 수 없는 할머니. 35년 동안 보이지 않는 세상과의 소통을 '효의 집' 이라는 푯말을 달고, 정 나누기를 하는 마음이 따뜻한 봉사자들이 있기에 아직은 살 만한 세상이 아닌가 싶다.

부모와 자식들이 한 이불 밑에서 웃고 다독거리던 옛날이 그립고, 키 낮은 담장 너머로 음식 담은 접시가 오가던 이웃의 정이 오늘따라 생각나는 날이다. 옛날의 사고思考가 정답이라고 할 수는 없지만, 시간 속에 묻혀버린 추억들이 왜 이처럼 그리워지는 세상이 되었는지 안타까운 일이다.

수필

배정인

21C, 바람 병들다

고랑 건너 시청에서 운영하는 하수종말처리장은 바람 썩어 힘이 세다. 그곳에는 겨울에도 걱정 안하고 바람 썩는다. 스테인리스 울타리에는 대문짝만 한 못을 박아놓고. '관계자 외 출입금지' 뿜어내는 바람도 썩는 바람에 썩는다.

아래로 위로 옆으로, 다다닥 발코니를 포개 붙인 건물이 밀집한 마을, 낮은 층에 사는 사람들은 못살겠다고 아우성이지만 높은 층에 사는 사람들은 그들을 깔아뭉갠다. 괜히 떠들어서 아파트 값 떨어뜨릴 일 있냐. 그래서 하층민은 시청에 민원 데모하러도 못 간다. 이상하게도 아랫도리 썩은 냄새들이 고층의 양반들 집에는 들어갈 엄두를 못 내고 기를 쓰고 하층민들의 주

《월간에세이》로 등단. 수필집 《픽셀 Q의 지문》, 수필창작안내서 《참수필 짓는 이야기》. 한국문협, 한국가톨릭문인회 회원. 진주수필문학회장

거를 침입하는 것이다.

납작 납작 아래층에 사는 것도 서러운데 너희들까지 왜 자꾸 기어들어 오냐고 지천을 지긴다. 그랬더니 '그러면 쓰나' 시무룩한 표정을 지으면서 되레 섭섭해한다. 그 목소리에 '이게 세상 인심이지 뭐' 하는 체념 비슷한 미련이 들어 있으면서도 마치 오래 때묻은 사이나 되는 것처럼 뭉그는 기미가, 여전히 눌어붙을 심산이다. 날마다 안방까지 들어와서 집안에 있는 향수라고는 있는 대로 다 훔쳐먹는 놈이 비윗장은 좋아가지고.

불칙한 말을 좀 험하게 한마디 하려다가 딸국질을 넘겼다. 염치가 없는 녀석이 무슨 말인들 들을까. 자칫하다가는 되레 험한 꼴 당하면 어쩌나 하는 걱정이 안 되는 세상도 아니었다. 한편으로는 아무리 모질게 대해도 손 놓고 돌아갈 형편이 못 되는 녀석임을 뻔히 아는 터도 있어서 차마 다그칠 용기가 나지 않는다. 결국 바람잡고 시비하는 실없는 꼴이 되고 말았다. 썩은 그도 내 그런 소심증에 연민을 느낀 모양이다.

우린들 왜 모르겠냐? 우리 땜시 괴로워하는 거 안다. 그래서 저 높은 데로 올라가려고 애를 써도 자꾸만 낮은 고랑으로 밀려난다. 너도 알지? 상수들은 늘 상수도에 살고 하수들은 언제나 하수도에 산다는 것을. 임마, 너도 저 고층에 가서 살 것이지, 뭐한다고 하층에 살아가지고서는…….

그렇게 말끝을 흐리는 데는, 할말도 없어서 죄 없는 고랑만 흘겨보는 것이다.

아파트와 하수종말처리장을 경계 지르는 고랑에는 갈대가 끌려와서 산다. 그들은 밤중에 쏟아져 나오는 폐수에 발을 데인다. 선조들이 수없이 죽어나가고, 이제 내성이 생긴 그들은 그나마 갈대라는 이름을 잃지 않고 있음을 다행이라 여긴다. 마디마디 괴가 나서 직립이 불가능한 갈대는 지팡이를 짚지 않고는 세 발도 못 가는 노파의 허리처럼 고랑바닥을 긴다. 겨우 한 뼘 모가지 치켜들고 중풍을 앓으며 평생을 누워 사는 고랑갈대는, 바람도 직립하지 못하는 고랑갈대는 더 이상 꽃 피는 갈대가 아니다.

늙은 노복은 입이 살짝 돌아갔다. 그가 아침을 등에 지고 들어오면 바람 병든 하수처리장은 오리를 토해놓는다. 중심도 못 잡는 몸을 뒤뚱거리며 꽥꽥, 오리는 고랑으로 밀려난다. 그러면 갈대는 눈물을 머금고 엎드린 등을 내밀어 오리의 벗은 발이 젖지 않도록 디딤발이 되어준다. 오리는 오종종 모여 서서 하늘로 부리를 치켜들고 꽥꽥 고함을 게운다. 땅에서 올라오는 썩은 바람을 털어내면서 오도가도 않고 낮을 견딘다.

'봐라. 갈대도 오리도 잘 살고 있지? 그런데 뭘, 고랑에 나오는 하수는 깨끗한 거여.'

시민의 공복임을 자처하는 시장은 하루 내내 낯뜨겁게 퍼포먼스를 연출하고 있다.

아파트의 키 큰 그늘이 소리 없이 무너져 땅에 어둠을 놓으면 더운 낮 몸을 낮추었던 갈대가 서걱서걱 일어선다. 그들의 서걱거림은 그들만의 것이다. 그저 한번 해보는 절규에 지나지 않는다. 달라질 것은 아무것도 없다는 걸 알면서도 그래도 그들은 일어서야 한다.

하수가 부리는 늙은 노복이 산 오리를 불러가고, 눈을 찌그리며 사립문을 잠그고 돌아서면 그 뒷덜미를 따라 하수처리장 수챗구멍엔 검은 유령이 썩은 망토를 흔들며 저녁 외출을 나온다. 은폐로 위장한 컴컴한 폐수는 거품을 물고 갈밭을 달린다. 앙상한 발을 데이며 갈대는 쿠텁텁 막혀오는 코를 어쩌지 못하여 그저 몸부림이나 쳐본다.

하수가 된 병든 바람이 날 새는 줄 모르고 하층민의 향수를 사냥하고 있을 때, 희뿌연 달빛 갈밭에 오리털 펄럭펄~ 날고, 검은 개는 혼자 뒷구르기 옆구르기 헐떡 벌떡 벅수를 넘었다. 횟간이 팍 상해버린 오리 속을 훔쳐먹은 주둥이를 쥐어뜯으며 끙끙끙 맴을 돌다가 고랑 옆구리 수챗구멍에 머리를 박고 죽었다. 그것이 세상 사는 이치라고, 바람에도 지층이 있어서 하수에 젖어 늘어진 개꼬리를 거무칙칙 썩은 바람이 훅 후루룩 뜯어먹다가 간다. 달은 허공에 홀로 밝은데 시장님은 어디서 허리 가는 여인이랑 산책하고 있을까? 갈대에 서걱서걱 지는 달이 혼자 애석하다.

해도 안 뜨는 울적한 일요일 아침, 열한 살 가녀린 소녀가 하수처리장 인적 없는 울타리 길 오다, 가다, 걸어간다. '검둥아 검둥아' 부르면서. 상기도 몽롱한 독살 내음이 소녀의 치맛귀에 눈물 바람 울멍울멍 놓고 있다.

수필

백남오

지금 지리산에는

지리산, 민족의 영산, 1967년 우리나라 최초로 지정된 국립공원 1호. 전북 남원시, 전남 구례군, 경남 산청군 · 하동군, · 함양군의 3도 5개 시군과 15개 면을 접하고 있는 거대한 산군. 1억 3천만 평, 북한산 국립공원 약 5배의 넓이에 그 둘레는 800리에 이른다. 그 속에는 우리와 우리 민족의 영원한 이상향인 '청학동' 도 숨어 있다.

천연기념물인 올벚나무를 비롯해 주목, 원추리 등 식물 1,369종이 태고의 원시림을 이루고 있으며, 이 울창한 수림 속에는 풍부한 먹이를 바탕으로 한 27여 종의 포유류와, 110여 종의 야생조류, 271과 2,697종의 곤충, 11종의 양서류, 16종의 파충류, 44종의 어류 등이 서식해 이들의 낙원을 이룬

2004년 《서정시학》 수필 등단. 교원문학상 수필 당선. 수필집 《지리산 황금능선의 봄》(2009년 문화체육관광부 우수문학도서) 2011년 수필 〈겨울밤 세석에서〉 전문 고등학교 국어교과서 수록. 서정시학회 회장

다. 우리나라 최대 자연 생태 보고로서의 역할까지 해내고 있는 것이다.

지리산이 더 중요한 것은 그 규모나 생태계, 자연경관뿐만 아니라 우리의 역사와 함께해온 민족의 영산이란 점이다. 단군왕검 이래 5천 년 세월을 이어오는 동안 좌절과 굴곡의 역사에서, 우리는 지리산 능선에 기대어 통곡도 하고, 새로운 삶과 희망을 기약하며, 때로는 그 산자락을 부여잡고 발버둥 치고, 피 흘렸던 민족이 아니던가. 그것은 과거의 삶이기도 하지만 지금도 계속되는 현재의 얘기이고, 끝도 없이 이어질 미래의 역사이기도 하다.

'지이산智異山' 이라 쓰고 '지리산' 이라고 부르는 이 산은 예로부터 금강산, 한라산과 더불어 신선이 살았다는 전설 속의 삼신산三神山의 하나로 '방장산方丈山' 이라 일컬어 왔다. 신라시대는 오악五嶽 중의 하나인 '남악南嶽' 으로 숭앙을 받았다. 백두산의 산맥이 뻗어내려 여기에 이르렀다 하여 '두류산頭流山' 이라고도 하고, 남해 바다에 이르기 직전에 잠시 멈추었다고 해서 두류산頭留山으로도 적는다. 산세가 두루뭉술하고 사방으로 산들이 겹겹이 둘러쳐져 있다고 하여 우리말인 두루, 두리, 둘러가 한자로 표기되는 과정에서 '두류산頭流山' 이 되었다고 한다.

고려왕조를 무너뜨린 태조 이성계가 조선을 개국하려 할 때 전국의 명산에 기도를 올리며 역성혁명의 창업의 뜻을 물었는데 유독 지리산만이 응하지 않고 소지가 오르지 않아 '반역산反逆山', '불복산不伏山' 으로도 불리게 되었다는 얘기도 있다. 여순 반란에서 6 · 25민족전쟁을 거치는 동안 빨치산 활동의 근거지가 됨으로써 '적구산赤狗山' 이란 이름도 얻었다.

산과 산은 물에 의하여 끊어지지 않고 능선으로 모두 연결되어 있어, 어느 산에서 출발해도 물줄기를 건너지 않고 백두산까지 갈 수 있다. 바로 한반도의 등뼈에 해당되는 백두산에서 지리산까지의 산줄기를 백두대간이라 부른다. 지리산은 덩치로나 높이로나 여타의 산들과는 견줄 수 없는 품격으로 백두대간의 출발점이자 마침표가 된다. 동서로 백여 리를 뻗어나간 주능선을 중심으로 수많은 지능선과 계곡을 만들며 백두대간의 대미를 장식한다.

이 산줄기에는 사연도 많아 내딛는 발자국마다 역사의 향기가 묻어나며 애잔한 전설 한 자락씩 품고 있다. 지리산은 마한의 피난도성, 가락국의 멸망, 삼국시대를 거치면서 국경의 변방으로 늘 싸움터의 중심이 되었다. 고려 때는 왜구의 침입과 민란으로, 조선시대에는 임진왜란과 정유왜란, 동학란으로, 해방공간에는 여순 반란과 민족전쟁으로서의 싸움터였던 것이다.

우리 민족의 주요 고비마다 호흡을 같이해 온 지리산. 그 넓이나 높이만큼 우리에게 큰 산. 그곳에는 조상들의 삶의 흔적인 수많은 문화재가 널려 있으며, 죽음과 생성의 역사가 있다. 더불어 지배문화와 민중의 문화가 뒤섞여 숨쉬고 있다.

그 지리산이 지금 무너져 내리고 있다. 영봉 천왕봉은 남동쪽으로 무너지고, 중봉은 북쪽으로 무너져 내린다. 그 줄기인 필봉산의 남쪽 면도 심한 상처와 흉터로 얼룩져 있다. 그 모습을 보니 하도 가슴이 아파서 통곡이라도 하고 싶은 심정이다. 이러다 지리산 전체가 무너질 것 같아 불안하고 걱정스럽다. 그럼에도 지리산 800 리 둘레에는 지금도 도로를 확장하고, 호화주택을 짓고, 터널을 뚫고, 심지어는 케이블카까지 놓으려 하고 있다.

몇 해 전, '지리산 생명연대'와 '국립공원을 지키는 시민의 모임' 등의 단체가 실상사에서 '성삼재 관통도로 이대로 놔둘 것인가.'를 주제로 열띤 토론을 벌인 바 있다. 88년 성삼재도로 개통 이후, 노고단 탐방객은 20배 이상 늘어났고, 주말이면 주차장을 방불케 할 정도다. 그 결과 노고단에서 천왕봉까지의 주능선 황폐화는 가속화될 수밖에 없었다. 연간 3백만 명이 넘는 탐방객으로 심한 몸살을 앓게 됐고, 결국 도로개설 20년도 안 되어 환경파괴 등의 이유로 도로 전면폐쇄 여부를 고민해야 하는 시점까지 이른 것이다.

이런 값진 교훈을 간과하고서, 각 지자체에서 경제적인 논리를 앞세워 케이블카를 설치하자는 발상은 이해하기가 쉽지 않다. 케이블카가 없는 지금도, 휴일이면 천왕봉은 인파로 북적인다. 특히 매년 1월 1일은 천왕일출을 보기 위하여 5천여 명의 사람이 몰려든다. 이날은 중산리에서 천왕봉까지 줄을 서고도 모자라 떠밀려서 올라갈 정도다. 이러한 상태에서 케이블카까지 설치하여, 사람을 태워다 보탠다고 상상해 보자. 천왕봉 일대는 아수라장을 이룰 것임은 불을 보듯 뻔하다. 그때는 중산리에서 천왕봉까지 아예 도로를 개설하자는 주장이 나올 법도 하다.

지리산에 케이블카를 설치하더라도 그것은 범국민적 합의로, 국가적으로 국토개발 차원에서 검토되고 추진되어야 할 문제라고 본다. 천왕봉이 산청군에 속해 있다고 해서 해당 지자체가 나선다는 것은 설득력이 부족하다. 그것이 개발이든 보존이든, 지역경제든 국가경제든, 적어도 국립공원은 미래지향적인 안목에서 그 청사진이 그려져야 한다.

이 시대, 우리가 누리고 있는 이 아름다운 자연은 조상으로부터 물려받은 고귀한 유산이며, 대대손손 이어져야 할 후손들의 소중한 삶터임을 한시도 잊어서는 안 될 일이다.

서현복

바다지킴이의 가족

한낮의 햇살이 푸른 물결 위에 은빛으로 빛난다. 드넓은 바다를 향하여 뱃머리를 돌리는 여객선의 뱃전에 하얀 물거품이 일기 시작한다. 여수항 부둣가 방파제 위에서 우리 부부는 거문도행 쾌속선을 배웅하고 있다. 뱃길 전송만큼 애잔한 이별도 없나 보다. 서서히 떠나가는 배를 바라보며 서운한 맘을 애써 달랜다. "이다음에 꼭 오셔야 해요." 울먹이던 막내둥이 손자가 또다시 전화기 속에서 울음보를 터뜨린다. 막무가내로 같이 가자고 떼를 쓰더니 축구공도 과자도 소용없었나 보다. 유난히 따르는 할아버지한테 수습을 미룬 나는 흐릿해진 시선으로 〈오가고〉호를 향하여 손을 흔든다.

열악한 섬생활에 병원시설이 제일 문제였다. 어제 통화해 보니 안과진료

《수필문학》 등단. 경남수필문학회 · 가향문학회 회장 역임. 국제펜클럽 한국본부 회원. 한국수필문학진흥회 · 수필문학추천작가회 이사

받으러 여수로 가고 있다는 것이다. 막내가 각막 이상증세라는 보건의保健醫 소견에 마음이 급해진 모양이다. 유일한 교통수단인 배편이 당일로는 귀가할 수 없기에 큰애까지 학교수업 조퇴시켜서 배를 탔다고 한다.

해군인 사위는 현재 최남단해역의 수호임무를 띠고 순항 중이다. 함께할 시간이 여의치 않은 군인 가족이기에, 섬에 가면 좀 더 여유를 가지리라 기대하며 지난여름에 남편 따라 이사갔던 막내딸. 그러나 반년도 채 안 되어서 남편이 더 먼 바다의 지킴이가 된 후 두 아들과 외로운 나날을 보내고 있다.

'연평도사건' 이 나고부터이다. 온 나라가 경악하고 전 세계를 들썩였던 북한의 만행에 대응하기 위하여, 우리 국군도 근무태세 강화가 불가피했을 것이다. 그들의 무차별 도발이 점차 강도 높게 자행될 때마다 가족들은 그 누구보다도 간담이 서늘해진다.

'천안함사건' 은 더욱이 견디기 힘든 아픔이었다. 젊디젊은 주검들이 두 동강 난 군함으로부터 인양되는 광경을 TV에서 볼 때마다 오열하는 그들 가족과 한마음 되어 하염없이 울고 또 울었다. 우선 내 가족이 그 배에 타지 않았음에 가슴을 쓸어내리긴 했으나 언제 닥칠지 모를 위험 앞에 불안감이 엄습했다.

큰외손자가 올해 열한 살이다, 그애 나이일 때 나는 「한국전쟁」을 겪었다. 61년 전 일이다. '천구백오십 년 유 월 이십오 일' 어른들의 예사롭지 않은 수런거림이 일요일의 곤한 아침잠을 깨웠다. 어수선한 하루를 보내고 다음 날 학교에 가기 위해 책가방을 메려는데 어머니가 말리셨다. 학교 다닐 수 없게 되었다고, 전쟁이 일어났다고, 나직하고 무거운 목소리로 일러주셨다.

미처 피난 갈 엄두도 못낸 서울시민들은, 시도 때도 없는 공습경보와 식량난으로 고난스런 여름 한철을 보냈다. 금붙이나 비단옷감들을 쌀 몇 됫

박과 바꿔 들여야 했고 마음대로 나다닐 수도 없었다.

석 달 후 「구이팔수복」 날. 대포 소리가 점점 가까워지더니 우리 집에도 포탄이 떨어졌다. 혼비백산 방공호에 몸을 숨기자마자 집은 불타버렸다. 유엔군의 서울 탈환은 오래가지 못했다. 중공군의 인해전술에 떠밀려 수도는 또다시 난리 속에 휘몰리게 되었다. 이른바 「일사후퇴」였다. 별수 없이 서울을 버리고 무작정 떠나야 했다. 폐허가 되어버린 서울은 무섭고 막막했기 때문이다. 끊어진 한강철교 아래 빙판 위를 손 꼭 잡고 걸으며 구름떼 같은 피난대열에 끼어들었다.

밀고 밀리던 동족끼리의 힘겨루기는 결국 「휴전협정」으로 중단되었다. 전쟁 발발 후 삼년 만에 군사분계선이 그어진 것이다. 그러나 크고 작은 분란은 지금까지도 끊임없이 이어지고 있다. 한 나라 민족끼리.

근래에 부쩍 잦은 북한의 거세고도 수상한 낌새는 내 어릴 적 상흔을 헤집어 도지게 한다. 열한 살과 일곱 살짜리 손자가 할머니처럼 혹독한 전쟁을 치러야 한다는 건 끔찍한 일이다.

전학을 제 나이 먹듯이 다니는 두 아이는, 그곳 근무 때라야 만나보는 아빠를 기다리며 그리움을 키운다. 오랜만에 집에 온 아빠를 본 순간 그 품에 안겨 말없이 흐느끼더라는 딸애의 말에 가슴이 뭉클하여 눈시울을 적신다.

전교생이 몇 명뿐인 낙도 분교에서 복식수업을 받고 축구를 하거나 자전거를 타는 일이 소일거리다. 물때 좋은 날이면 아빠 배가 정박해 있던 바지선에 낚싯줄을 드리우거나 바다를 향하여 물수제비를 뜨면서 하루해를 보낸다. 그러다가도 국기 하강식을 알리는 애국가가 울리면 벌떡 일어나서 태극기를 향하여 경례를 한다는 두 아이. 군인의 아들답게 자못 경건한 그 모습이 귀여워 집에서 내려다보는 제 엄마는 절로 미소를 짓는다고.

손자의 눈병도 걱정이려니와 젊은 딸이 어린 아들들 데리고 낯선 곳에 묵어갈 일이 염려되어, 어제 우리 부부는 부랴부랴 여수로 달려갔었다. 가벼운 눈병이라는 진료결과에 우선 안도하며 예상치 못한 일이었지만 만남의 기쁨을 누려본 일박 이일이었다.

지금 여객선은 수평선 저 멀리 가물가물 떠가고 있다. 울음 그친 손자의 맑은 목소리를 전화로 확인하고는 비로소 자리를 뜬다. 그리고 다시 한 번 망망대해를 응시하며 간절한 마음으로 염원한다.

이젠 세계 유일의 분단국에서 벗어나기를.

제발 평화통일이 이루어지기를.

동족상잔의 비극이 어서어서 끝나기를.

수필

신태순

슬픔을 간직한 섬, 진우도

진해에는 크고 작은 섬들이 많이 있다.

산에 가서 바다를 바라보면 바다는 마치 호수처럼 잔잔하며 올망졸망 둘러앉은 섬들은 형제처럼 혹은 연인처럼 정겹기까지 하다. 그러나 내게 섬의 이미지란 늘 외로운 고독의 섬으로 보이는 건 왜일까? 사람이 많이 살고 있는 큰 섬이라면 모르겠지만 솔숲과 대나무가 우거진 작은 섬들을 배를 타고 가면서 바라보면 언제나 외로운 모습으로 우리를 바라다보곤 한다. 어서 우리에게 다가와서 즐겁게 놀아달라고 떼를 쓰는 것도 같다. 아무도 없는 섬에 갈매기들만 끼룩거리며 날아가는 무인도는 그래서 더 사랑과 연민의 눈으로 바라보게 된다.

2002년 《한국문인》 수필부문 신인상 등단. 한국문협, 경남문협, 가락문학회 회원. 진해문협 감사

진해에 오래 살면서 가끔 섬으로 여름휴가를 다녀오곤 하지만 많은 섬들 중 진우도는 오래 기억에 남아 있는 섬이기도 하다. 벌써 오래 전 젊은 날의 이야기이지만 가끔 생각이 나면 입가에 미소가 슬며시 번지기도 한다.

당시 스물한 살의 나는 직장에서의 동료들과 가까운 섬인 진우도로 피서를 갔었다. 지금은 가덕도와 함께 진우도가 부산으로 편입되어 많은 사람들이 피서와 갯벌체험과 생태학습으로 다녀간다고 하지만 그때는 가덕도에서 다시 배를 타고 건너갔던 섬이다. 작은 목선에 열 대여섯 명이 빽빽이 앉아 있으면 배가 곧 가라앉을 것 같은 불안감에 가슴 조였던 날이었다. 직장 상사를 모시고 떠난 피서는 그야말로 참새들처럼 조잘거리며 피서지에서의 낭만을 마음껏 즐겼다.

젊음 하나로 아름다웠던 선배 언니들과 뜨거운 태양에 지칠 줄도 모르고 파도 속에 어우러졌다. 모래는 단단하였으며 바다는 아무리 들어가도 깊지 않았다. 나는 긴 생머리에 까만 수영복 차림으로 친구와 같이 찍은 사진이 앨범 어딘가에 꽂혀 있을 것이다.

늘 인자하고 너그러우셨던 직장 상사는 오래 전에 저세상으로 떠나셨다. 정이 많으셔서 갓 입사한 젊은 후배를 다독여주시고 이끌어주셨던 분이기에 가끔 생각나는 분이기도 하다. 그때 같이 근무했던 분들이 병으로 혹은 노환으로 세상을 뜨셨다는 소식을 들을 때면 어쩔 수 없는 세월을 실감하곤 한다. 죽음이란 결코 비켜갈 수 없기에 더욱 삶과 죽음에 대하여 깊이 생각하게 되고 내 가족을 잃은 슬픔 또한 통한의 눈물을 흘려야 했다.

진우도는 그때나 지금이나 무인도이다. 낙동강 하구의 모래가 유입되면서 쌓인 삼각주의 모래섬이다. 그날 배에서 내려 바라본 바다는 여름 피서지로는 이곳보다 좋은 곳이 없다고 생각할 정도로 아름다운 섬이었다. 부드러운 모래와 파도가 하얗게 밀려오는 그 섬을 꼭 다시 오리라 다짐하였지만 여태

다시 가지 못하였다. 주변에는 더 풍광이 빼어난 섬이 있기도 하였겠지만 다시 간다는 것도 그렇게 쉽지 않았다. 그러므로 늘 아쉬워했던 섬이기도 하다.

이 섬은 6 · 25전쟁 이후 전쟁고아들을 모아 이곳 외딴섬에서 많은 아이들이 외롭게 생활하던 곳이라 한다. 기쁨보다는 슬픔이 많은 섬이라 생각했다. 하루 종일 누구 하나 찾아오는 사람 없이 파도 소리와 갈매기 소리뿐인 그 섬에서 어린아이들은 얼마나 부모형제를 그리워했으랴. 그러나 더 가슴이 아팠던 것은 지난 1959년 9월 '사라호' 태풍이 사납게 불어닥쳤을 때 많은 아이들이 희생되었다고 하였다. 그 후 육지로 고아원을 옮겨갔다고 하지만 그때 파도와 함께 쓸려간 어린아이들이 너무 불쌍하였다. 전쟁의 비참함과 아픔의 상처가 채 아물기도 전에 또다시 자연의 커다란 재앙 앞에 속수무책으로 사라져간 생명이 가슴 아팠다.

이 땅에 전쟁이 끝난 지 60년이 다 되어가지만 당시 전쟁을 겪었던 사람들은 민족의 비극을 어찌 잊을 수 있으랴.

그날 바라다본 섬 주변에는 갈대들이 우거져 있었으며, 아이들이 기거했는지는 모르지만 다 부서지고 뼈대만 남은 목조건물 기둥들이 을씨년스럽게 남아 있었다. 낮은 둔덕에는 갈대숲이 우거져 검은 모기떼들이 우글거리긴 했지만 부드러운 모래와 하얀 파도 속에서 하루를 즐긴 우리는 또다시 일상으로 돌아와 긴 세월 잊혀 진 섬이야기로 남았다.

슬픔이란 어찌 섬에만 있으랴. 살아 있는 생명에는 다 슬픔이 숨어 있다. 더구나 인간이라면 사는 동안 슬픔을 겪지 않은 이 어디 있을까.

지난날을 뒤돌아보면 벌써 까마득한 세월 저편의 일이지만 추억이란 지나고 보면 늘 그립고 아쉬운 모양이다. 그런 추억이 있기에 때로는 먼 지난날을 회상하며 내 인생의 가장 순정한 젊은 날을 기억하는 것이다.

이제는 진해의 섬이 아니라 부산의 섬이란 사실이 아쉽지만 현실은 언제나 변화 속에서 역사는 쓰여질 뿐이다.

수필

'매우 좋음'

안순자

컴퓨터 프린트기를 새로 구입했다. 배달된다던 날짜가 며칠이나 지나서야 연락이 왔다. 휴대전화 번호가 잘못 입력되어 있는 바람에 착오가 생겼다며 집전화로 통화를 한 뒤 쏜살같이 와서 설치를 해주었다.

설치 후 기사가 친절하게 설명을 하고 나가면서 회사에서 설문조사 전화가 오면 말씀 좀 잘해달라고 했다. 그냥 좋다라고 하지 말고 매우 좋다고 해달라며 재차 부탁했다.

언제부턴가 전자제품을 사거나 AS를 받고 나면 제품에 이상이 없는지 서비스는 잘 받았는지 등을 질문하는 설문조사 전화가 으레 걸려온다. 물건을 살 때뿐만 아니라 보험회사 방문이나 공공기관에 민원상담을 하고 난 후에

경남 마산 출생. 1996년 창원상공회의소 주최 '성산문학' 전체부문 대상, 2000년 《한국문인》 수필부문 신인상 수상. 경남문협, 창원문협, 경남수필문학회, 가향문학회 회원

도 전화가 오는 것을 보고 이런 제도가 차츰 각계 각층으로 확대된 것을 알 수 있다. 가끔 성가실 때도 있지만 이러한 일련의 과정들이 고객에게 더 나은 서비스를 하기 위한 것이라 생각하면 오히려 환영할 제도라고 봐야겠다.

그런데 대답을 할 때 우리가 느낀 만족상태를 그대로 받아들이면 될 텐데 꼭 준비되어 있는 설문대로 사지선다나 오지선다형으로 1. 매우 좋음 2. 좋음 3. 보통… 등등으로 구분해서 답을 해달라고 한다.

일을 하는 입장에서는 '좋음' 보다는 '매우좋음' 이라고 해야 근무 평가가 올라가는 모양이다. 현대는 점점 강도가 높은 걸 선호하고 있다. 회원을 구분할 때도 VIP로는 성에 차지 않아 VVIP회원을 따로 또 정하듯이….

나는 이러한 제도를 음식점에도 도입하면 어떨까 하는 생각을 해보았다. 식사를 한 후 음식점 문을 나서기 전에 설문지에 음식 맛에 만족했는가, 서비스는 어떠했는가 등 그렇게 설문지 자료를 참고로 하여 개선해 나가는 것이 궁극적으로 더 나은 외식문화를 위해 좋은 결과를 낫게 되지 않을까 싶어서이다.

소문난 집이라 찾았는데 음식이 가격에 미치지 못해 기분이 씁쓸해진 경우가 있었다. 게다가 주차장 이용시간도 30분으로 제한하고 있어 그 외 시간의 주차비 부담은 손님 몫이라고 했다. 밥도 먹기 전 이미 식당 밖에서 차례를 기다리느라 보낸 시간이 30분을 넘어섰다고 하면 자기네들 방침이라 어쩔 수 없다며 일축했다.

반면 이런 집도 있다. 어느 시장통 죽 집에서 두 사람이 각각 죽 한 그릇씩 먹고 혹시 주차권에 도장 찍어 주냐고 물었더니 자기들은 도장이 없다며, 사양을 하는데도 굳이 500원을 손에 쥐어주는 것이 아닌가? 마음의 여유는 꼭 물질적으로 넉넉해야만 오는 것이 아니라는 걸 보여주었다.

식사 도중에 부족한 것은 없는지 수시로 종업원이 살펴보고 센스 있게 알아서 척척 갖다주는 곳도 있다. 음식도 맛깔스럽고 정갈한 것은 두말할 필요가 없다. 이런 곳은 기억해 두었다가 다른 사람들에게 추천도 하고 다음에 다시 찾게 된다.

우리 주변에는 이렇게 '매우 좋음'에 망설임 없이 동그라미를 쳐주고 싶은 사람들이 곳곳에 있기에 마음이 밝아온다.

우리가 살면서 자신의 삶이 매우 좋다고 단언할 수 있는 사람은 얼마나 될까? 좋음과 보통 아니 나쁨의 경계를 넘나들며 사는 것이 우리들 삶인 것 같다.

자신이 처한 환경에서 더 나은 미래를 향해 노력하며 긍정적으로 사는 것이야말로 매우 좋은 삶을 향한 길이 아닐까 싶다.

수필

양미경

여우와 포도밭

탈무드에 나오는 이야기다.

굶주린 여우 한 마리가 포도밭을 지나고 있었다. 울타리 너머 탐스럽게 익어가는 포도를 본 여우는 안으로 들어가기 위해 애를 썼다. 그러나 울타리가 좁아서 들어갈 수 없었다. 궁리 끝에 여우는 사흘 동안 굶어 몸을 홀쭉하게 만든 다음에야 울타리 틈새로 기어 들어가는 데 성공했다.

포도밭으로 들어간 여우는 포도를 마음껏 따먹었다. 그런데 포도밭에서 나오려 하니 빠져나올 수가 없었다. 다시 사흘을 굶고 몸을 홀쭉하게 만든 다음에야 간신히 빠져나왔다. 여우는 울타리 너머 포도를 보며 투덜거렸다.

1994년 《수필과 비평》 등단. 신곡문학상 본상 · 경남문협우수작품집상 수상. 한국문화예술진흥원 우수도서 선정. 수필집 《외딴곳 그 작은 집》, 《고양이는 썰매를 끌지 않는다》. 경남문협 부회장, 수필과비평작가회의 고문, 물목문학회 회장, 경남예총 감사

"결국 배가 고프기는 들어갈 때나 나올 때에나 마찬가지군."

정권이 말기에 들면 으레 나타나는 현상인 공무원들의 부패 사례가 걷잡을 수 없이 터지고 있다. 저축은행의 비리에는 가장 청렴해야 할 정부 감사기구마저 연루되어 질타를 받고 있고, 국토해양부의 모럴 해저드moral hazard를 비롯 지난 1년 6개월간 법인카드로 국민세금 10억 원을 흥청망청 썼다는 사건들이 신문지면을 장식한다. 오죽하면 대통령이 "온 나라가 다 썩었다."며 한탄을 했을까.

중앙 공무원들의 부정부패는 국민의 세금이 잘못 쓰이거나 엉뚱한 데로 샌다는 것을 의미한다. 한국은 지금 정치인들의 과도한 복지 약속으로 국민들의 복지 수준 기대치가 높아지고 있다. 실제로 대학의 등록금은 물론 저소득층 복지의 기대치가 상향조정되면서 부족한 복지 예산을 어디서 끌어올까를 고민하고 있다. 이런 시기에 공무원들의 도덕적 해이와 그로 해서 줄줄이 세는 세금낭비는 욕을 곱빼기로 먹어도 싸다는 생각이 든다. 그들은, 그런 생각과 행동들이 종국에는 자신을 망친다는 것을 정말 몰랐을까. 중앙부처 고위공무원들이라면 거기까지 올라가기 위해 남들보다 공부하고 일하면서 능력을 인정받았기에 가능했을 것이다. 그 정도 직위에 있다면 앞날도 창창하고 재산이나 명예도 남부럽지 않은 위치에 있지 않을까.

단 한 번의 실수로도 회복할 수 없는 것이 공무원의 신분이다. 그들은 국민의 공복公僕이며 그들이 만지는 것이 국민의 세금이기에 국민을 비롯 언론과 기관 등 여러 곳에서 그들의 일거수일투족을 예의주시하고 있기 때문이다.

탈무드 속의 여우가 한 말 "결국 배가 고프기는 들어갈 때나 나올 때에나 마찬가지군."은 무슨 뜻일까. 고작 배부르고 고픈 것에 대한 단순한 반성이라면 수천 년 유대인의 지혜서 탈무드에 등장하지는 않았을 터이다.

유대인들의 삶의 스승인 랍비들은 그것을 삶의 이쪽저쪽을 일컫는 말이라고 해석한다. 포도밭의 울타리가 바로 삶의 이쪽저쪽을 나누는 경계인 것이다. 사람은 태어날 때 세상을 다 잡을 것처럼 손을 꽉 움켜쥐고 나온다. 그러나 죽을 때 손을 활짝 편 채 죽는다. 그 손에 남은 것은 아무것도 없음을 보이는 것이리라. 그 간단한 진리 앞에서 공무원들이 한순간에 자신을 망치는 부정부패에 눈을 돌릴 이유가 없다. 좋은 것에는 독이 반드시 묻어 있다. 더 좋은 것에는 더 치명적인 독이 묻어 있다는 사실만 기억한다면.

여우는 다행히 그것을 깨달았다. 만약 그것을 깨닫지 못했다면 끊임없는 욕심으로 울타리를 넘나들다가 미처 빠져나오기도 전에 사람들에게 껍질이 벗겨졌을 것이다.

말쑥한 양복에 세련된 넥타이를 매고 당당하던 그들이 어느 날 남루한 죄수복으로 법정에 출두하는 장면은 지나친 욕심이 빚어내는 정답일지도 모른다.

수필

유명숙

어머니의 돌

돌을 쓰다듬는다. 돌과 같이 생활한 지가 삼십 년이 넘었다. 기쁠 땐 안방을 드나들면서 눈을 맞추기도 하고 혼자 삭히기 힘든 일이 있을 때는 속내를 내비치기도 한다.

상대방을 대할 때 몸가짐을 공손히 하고 존경하려 애쓴다. "말을 아껴라" 하시던 어머니의 말씀도 가슴에 새겨 생활하지만 산다는 것이 정석대로만 되던가. 상식의 선에서는 상대편을 공경하고 말을 아끼는 것이 좋은 관계를 낳지만 오해를 받을 때도 있다. 맞받아치면 우선은 가슴이 후련하나 한 호흡 들이쉬고 속을 삭인다. 좀처럼 가라앉지 않을 때는 돌을 쓰다듬으며 어머니를 생각한다. 출렁거리던 마음이 호수처럼 잔잔해진다.

경남 진주 출생. 2002년 《수필문학》으로 등단. 수필집 《너도바람꽃 나도바람꽃》. 경남문인협회, 진주문인협회, 진주시조시인협회, 경남수필문학회, 진주여성문학인회 회원

학창시절에 수학여행을 제주도로 갔다. 모처럼 학교와 집을 벗어난 신비로움과 해방감에 친구들과 어울려 다니느라 선물을 미처 마련하지 못했다. 마지막 날 가족에게 선사할 물건을 사기 위해 나갔다. 눈길을 끄는 물품들이 많았지만 내가 가진 용돈으로는 여러 가지를 살 수 없었다.

손바닥만 한 크기의 돌에 '사랑' '우정' '희망' '노력' 등 여러 문구들이 새겨져 있었다. 무늬도 진귀했지만 색깔도 흔치 않은 것이었다. 학생들 사이에는 자신의 좌우명이나 바람을 종이에 적어 책상 앞에 붙여 두는 게 유행이었다. 나는 '공경' 이란 단어가 새겨진 돌에 마음이 갔다. 어머니께 드릴 선물이었기에 그 문구가 마음에 닿았을 것이다. 용돈을 몽땅 털어서 돌을 샀다.

어머니는 집성촌의 종갓집 종부였다. 제사만큼이나 집안의 대소사도 많았다. 당신의 자식보다 더 어린 시동생과 시누이, 같은 항렬의 아래위 동서들, 집안의 어르신. 보살피고 포용하고 공경해야할 대상이 너무 많았다. 우리 집의 매일 매일은 시골 장날 같았다.

가방을 들고 나서는 학생이 아홉이었다. 두 아재와 부모님이 돌아가신 사촌 오누이와 당신 자식 다섯 명이 아침이면 모두 손을 벌렸다. 아재와 사촌들의 월사금은 제때에 주었지만 우리들은 기일 안에 내지 못해 몇 번을 학교에서 집으로 돌려보내졌다. 한번은 어머니께 따졌다. 왜 우리만 늦어야 하냐고. 철없는 자식은 없는 학비를 내놓으라며 대문에 서서 떼를 쓰며 울고, 어머니는 대빗자루를 내리치며 학교로 쫓았다. 동구 밖에 서서 울먹이며 산모롱이를 돌아가는 뒷모습을 보며 어머니는 자식보다 눈물을 더 흘렸으리.

그날 동갑인 아재가 교문 앞에서 기다리고 있다가 월사금 봉투를 내게 건네주고는 꼴머슴을 하러 간다고 내달렸다. 호랑나비처럼 나풀거리는 검정 고무신 바닥이 보이지 않을 때까지 떨면서 보고 있었다. 옆 반으로 가서 아재 월사금을 내고는 눈물범벅이 되어 선생님과 함께 그 길을 따라갔지만 찾을 수 없었다.

집에 돌아와 먼발치에서 어머니를 보자 종일 두근거렸던 가슴이 터져버릴 것 같았다. 고방에 살그머니 들어가 훌쩍이다 잠이 든 사이에 큰 아재의 손에 이끌려 왔다. 작은 아재의 혼나는 소리에 잠이 깼지만 나갈 수 없었다. 식구들이 나를 찾으러 나섰다. 떨리는 어머니의 목소리보다 꾸지람이 무서워 더 구석으로 숨어들었다. 치마 위로 기어오르는 생쥐가 나를 내몰았다. 평소에 남강다리 밑에서 주워 왔다고, 눈이 찌그러지고 입이 비뚤어진 거지가 친엄마라고 놀린 작은집 할머니. 보기만 해도 울먹거렸던 그 할머니의 품에서 서럽게 울다가 잠이 들었다.

직장 생활을 할 때 이따금씩 집에 가면 돌은 경대 옆에 있었다. 그냥 있나보다 무심히 보았다.

내가 결혼하고 짐을 챙길 때 어머니께서 내 가방 속에 한지로 곱게 싼 뭉치를 넣어 주셨다. 그것은 내가 수학여행 때 선물한 돌이었다. 마음속에 품고 있던 어미의 좌우명을 돌에 새겨 주어 고마웠다는 말씀에 어머니의 갈퀴 같은 손을 잡고 참았던 울음을 터뜨렸다. 어머니에게 공경은 삶의 명심보감이었고 논어였다. 집성촌의 사람들을 화합으로 이끈 어머니의 신조를 딸에게 주신 것이다.

"이젠 네 몫이다. 항상 시부모님과 남편과 시누이들을 공경하고 배려하며 살아라."

유교와 가부장적 틀에 묶여 타인만 있고 자신이 없는, 묵묵한 희생이 자신의 정체성이고 존재의 실체인 것 같았던 어머니. 엄마같이 살지 않겠다고 큰소리쳤는데 되돌아보니 나도 어머니처럼 산 것 같다. 그때의 어머니 나이를 훌쩍 넘어섰다. 지금에서야 공경이 타인에 대한 배려임과 동시에 자신을 성숙시킨 원동력이었음을 깨달았다. 사단四端을 알게 하고 마음과 몸이 같이하기를 가르쳐 주신 어머니. 어머니의 딸인 것이 자랑스럽다.

글씨가 희미해져서 몇 해 전에 덧칠을 했다. 세월과 함께한 손때는 내 삶의 견장인 셈이다.

나도 개성이 강한 딸에게 어미의 삶을 바르게 이끌어 준 외할머니의 돌을 물려 줄 생각이다. 나의 손때 위에 아이의 고운 때가 묻어도 좋으리. 그것은 삶의 연륜이다. 흔들리지 않고 피는 꽃이 어디 있으랴. 작은 생채기가 쓰라림을 견디는 내성을 길러주고 아문 상처는 삶을 헤쳐 나가는 지혜가 되리니.

돌을 쓰다듬는다. 곤궁한 시절 괜찮지 않은 삶을 살면서도 “암시랑 않다, 암시렁도 않다” 하시던 어머니가 뵙고 싶다.

수필

한국 사람은 이혼하지 않는다고요?

윤미향

미국으로 이민 가서 살고 있는 시누이가 왔다. 반가운 얼굴을 마주하게 된 친족들이 모여 담소를 나누던 중 시누이가 하는 말에 귀가 솔깃했다. 초등학교 저학년인 시누이 손녀딸이 저희 엄마아빠가 부부싸움만 하면 "두 사람이 이혼했을 때 나는 도대체 누구와 살아요?"라며 울먹인다는 것이다. 헤어진 친부모 사이를 번갈아 왕래하며 생활은 새엄마나 새아빠와 하고 있는 미국 친구들을 예사로 보아온 아이였다. 시누이가 "네가 동생과 싸우다가도 금방 다시 친해지는 것처럼 엄마아빠도 마찬가지란다. 설사 심하게 다툰다 해도 한국 사람은 절대 이혼하지 않는다."며 토닥인다고 한다.

문득 요즘 텔레비전에서 방영되고 있는 연속극 생각이 났다. 주인공 내외

충남 공주 출생. 《한국수필》 신인상 수상. 마산문협 사무국장

뿐만 아니라 시삼촌 또는 친정아버지조차 이혼한 사람으로 설정돼 있어 지나치게 시청률을 의식한 내용이 아닌가 싶어 외면했다. 그런데 줄거리에 이끌려 몇 차례 더 시청하다 보니 이혼은 소재로 사용했을 뿐 주제가 아니었다. 다양해진 삶의 형태로 인해 생기는 갈등 상황을 오늘을 살고 있는 현대인들이 어떻게 풀어나가는지를 보여주려는 의도가 어렴풋 느껴졌기 때문이다. 이혼이라는 선정적이고 흥미로운 소재에 가려 주제가 잘 드러나지 못하는 것이 흠이었다.

'이혼은 전염병처럼 직장이나 가족, 친구 등 인간관계에서 확산되는 경향이 나타난다.' 는 연구결과가 있다고 한다. 드라마 속 인물이 비록 자신과 가까운 사람은 아닐지라도 텔레비전 프로그램 중 연속극이 차지하는 비중이 파격적인데다가, 이혼을 주제로 하거나 소재 삼고 있는 드라마가 대부분인 것이 현실이다. 더구나 사람들이 거의 매일 텔레비전을 시청한다는 것을 감안하면 누구라도 영향을 받지 않는다고 장담할 수 있을 것인가.

나도 한때는 이혼을 꿈꾸었다. 서로 맞지 않으면 쉽게 헤어질 수 있는 개방된 사회 분위기가 오히려 합리적이라고 생각했던 시절이었다. 하지만 그때만 해도 이혼으로 인해 더 수렁에 빠지는 얘기가 대세였지 요즘처럼 별탈 없이 잘사는 모델은 거의 없었다. 또 자신보다는 자식이 먼저여서 불행한 결혼생활이라도 팔자라 여기며 참고 사는 사람도 많았던 시절이다. 만약 그때 사회분위기가 요즘 같았다면 아마 나는 지금쯤 이혼녀로 살고 있을지도 모르겠다고 생각하니, 주위환경에 영향받지 않을 수 없는 것이 이혼임을 깨닫게 된다.

물은 역류하지 않고 아래로만 흐르듯 달라지는 세태 또한 막지 못할 일이다. 하지만 이혼율 세계 1위 운운하며 가족단위가 계속 무너진다면 사회, 국가단위인들 건사할 수 있을 것인가. 나는 가끔 결혼을 사업과 같다고 생각한다. 성공하면 엄청난 부가 따라오지만 실패하면 치명적인 대가를 치르는 것이 사업이다. 노력해도 어쩔 수 없이 망하는 사업은 있어도 사업주 자신이 싫다고 포기해서 망하는 경우는 보지 못했다. 스스로 이혼을 결심할 때, 힘들다고 포기해버리는 어리석은 사업주는 아닌지 되새겨 볼 일이다.

"한국 사람은 이혼하지 않는다고요? 그것은 형님이 대한민국에 사시던 수십 년 전, 그러니까 과장해서 호랑이 담배 피던 시절쯤 얘기이구요. 대신 어떤 일이든 극복하는 힘이 남다른 민족이니 희망을 품을 수 있는 이유가 되지 않겠는지요."

윤지영

원칙, 그 부동不動한 진리

소설 《칼의 노래》는 '버려진 섬마다 꽃이 피었다' 로 시작된다. 폐허가 된 남해안을 묘사한 이 문장에서 더 이상 무슨 수식어가 필요할 것인가. 형용사와 부사를 부리지 않고 주어와 동사로만 밀고 나가는 김훈 특유의 문체는 작품 전반을 통해 그동안 정형화된 '성웅 이순신' 을 고뇌하는 '인간 이순신' 으로 재해석해 놓고 있다.

한국의 역사상 가장 존경하는 인물로 단연 이순신(1545~1598)이 꼽힌다. 세계해전사에서도 이와 다르지 않다. 님의 업적으로 한국이 존재했고, 그리하여 국민들은 그 감사함을 가슴에 새기고 산다. 전前 경남도지사도 예외는 아니었다. 그는 이순신 장군을 기리기 위해 2007년부터 3단계에 걸쳐 모

1992년 《문학예술》(舊)로 등단. 논문집 《조연현의 수필문학》, 수필집 《찻잔속의 반란》, 칼럼집 《붕어빵에는 붕어가 없다》 등. 국제펜클럽 한국본부 이사. 한국문협, 한국수필가협회 회원. 진주교육대학 출강

두 28개 사업에 1590억 원이 투입되는 '이순신 프로젝트' 를 적극 추진했었다. 도 행정에 비교적 무관심한 나는 그 소식을 무심코 들었을 뿐이다. 그러나 곧 이 일로 우려할 만한 경험을 했다.

지난해 가을, 인근 학교에서 행사가 있던 날이었다. 특강차 오신 외부인사들을 모시고 일명 '이순신 밥상' 식당으로 갔다. 전통양식으로 잘 꾸민 가옥에 당당하게 붙여놓은 상호에 믿음이 갔던 것이다.

일행이 상 앞에 앉았다. 이른 아침부터 먼 길을 달려온, 연로하신 어른들은 강의 뒤끝이라 몹시 시장한 상태였다. 그러나 30여 분 이상을 기다려야 했다. 별미요리 공정 탓이겠거니, 묵묵히 기다린 끝에 음식을 받았다. 차려진 밥상은 일반 정식과 다를 것이 없었으며 그것도 주메뉴 '떡갈비' 는 아예 없었다. 수저를 놓을 때까지 누구 한 사람 '맛나다' 라는 말을 하지 않았다.

중심 메뉴가 통째로 빠졌는데도 음식값은 그대로였다. 계산을 하며 직원에게 묻자 그는 대수롭지 않게 응수했다. "떡갈비 재료가 부족하여 차리지 못했다. 조금 더 비싼 것을 시켰더라면 좋았을 텐데 가격이 1만 5천 원짜리를 시켰기 때문에 그럴 수도 있다" 학자들은 차에 오르면서 "왜 하필 이순신 이름을 썼을까?"라고 고개를 갸우뚱거렸다.

그때의 염려가 현실로 나타났다. 근일의 뉴스에 의하면 "이순신 밥상을 재현한다며 2억 5000만 원을 들여 만든 '통선재' 란 이름의 식당은 찾는 사람이 없어 아예 문을 닫아버렸다"고 한다. 그뿐 아니다. 거북선 · 판옥선에 관한 문제도 터졌다. 이 또한 '이순신…' 사업의 일환이라고 한다. 임진왜란 당시 조선 수군의 주력군선 원형 복원 과정에서 속임수가 개입된 것이다. 수입 목재를 금강송으로 둔갑시켜 완성했다는 수사 결과였다. 이순신 뮤지컬 사업 또한 감사원으로부터 지적을 받았다. "보조사업자로 선정된 모 대학에서 보조금을 신청하면서 뮤지컬과 관련이 없는 연구비를 포함했는데 경남도에서 이를 제대로 살펴보지 않고 교부했다. 뮤지컬 연출자 선정도 공모 과정을 거치지 않았다"고 한다.

이쯤 되면 주최 측에서 도민의 항의를 피할 수 없다. 온 국민이 추앙하는 인물의 이름을 빌려 엄청난 돈만 투자하면 성공이 보장된다고 믿은 기막힌 아이디어. 여기에는 거창한 계획만 존재하고 이후 관리 부분은 제로를 보이니, 애초에 높은 실패 확률을 감안하고 시작한 셈이다.

이순신은 성인이라고 부를 만큼 대단한 의식의 소유자다. 님의 삶의 철학을 두 단어로 압축한다면 '원칙'이라고 할 수 있다. 난중일기나 그에 관한 사료를 보면 관직에 등용된 이후의 모든 사고와 행위의 근원이 원칙에서 나왔다. 원칙을 목숨같이 여겼기에 원균과의 트러블도 있었고 선조와의 대립으로 곤란에 빠지기도 했다.

혹자는 그의 원칙론을 일컬어 속 좁은 사람으로 평가도 하지만 그의 일관된 소신이 없었다면 거북선 탄생은 불가능했다. 명량해전의 기발한 전술, 그 신화적인 학익진 또한 어찌 탄생되었겠는가. 적과의 대전을 앞에 두고서 1/10정도의 열세에서 23승이란 기록을 세운 것도 원칙에 벗어나는 전투를 한 번도 하지 않았음을 입증하는 것이다.

'이순신'이란 주제는 함부로 접근할 수 없는 부담이 있다. 더욱이 이윤추구에 이용되어서는 안 된다. 명확한 고증을 거쳤는지 의심이 가는 고액의 한식 메뉴, 식당 측의 불친절과 약속위반은 타지인들에게 부끄러움이었다. 역사의식 부재에서 만들어진 거북선, 검은 거래와 위선으로 제작된 뮤지컬, 이에 관련된 사람들은 전형적인 자본주의 특성만을 가졌을 뿐이다.

김훈의 《칼의 노래》는 우선 작가의 님을 향한 존경심이 바탕을 이루고 있다. 거기에다 칼날 같은 취재의 노력이 있었기에 현미경 같은 사실주의를 이룩해 냈다. 작가는 이 소설을 구상할 때 여러 날을 충남 아산시 현충사를 찾았으며 묵념하는 마음으로 장군의 칼에 담긴 그 엄청난 서사를 읽어내려 애썼다. 문장을 따라 출렁거리는 섬세한 묘사의 리얼리티는 그래서 감동이다. 오직 나라 걱정으로 '긴 칼 옆에 차고 깊은 시름하는' 오백여 년 전 님의 울음이 오늘날 독자의 귀에까지 들리는 것은 작가의 투절한 작가관과 역사관 덕분이다.

'이순신…' 과제에 투입된 사람들은 먼저 이 책을 읽었어야 했다. 전신으로 태질하는 시대의 채찍질에 상처는 덧이 나도 결코 놓지 않던 애국정신에 절감했어야 옳았다. 공공의 재산은 환급될 수 없다. 이 일을 얄팍한 상술로 전락시키다니, 이해불가한 사건이다.

이고운

물비린내 이야기

시뻘건 황톳물이 소용돌이친다. 고대로 노래되고 지금도 학습되고 있는 백수광부 모습이 곤두박질로 떠내려간다. 풀어헤친 머리 호리병들이 둥둥 떠다닌다. 태풍에 비에 산사태에, 국지성 집중 호우로 2011년 여름이 산하를 할퀴고 있다. 대기층 불안이 시간당 100mm 이상 장대비로 집중 공격했다는 곳, 붉은 토삿물로 흘러내린 산이 민가를 덮쳤다. 거대한 붉은 용이 꿈틀거린다. 괴물로 돌변한 용은 승천을 저렇게 절규! 절규!로 하는가.

걷잡을 수 없는 속수무책이었나. 1세기가 한번 뒤척거렸다는 위력이란다. 천재냐? 인재냐? 두 줄을 놓고 뜯는다. 어디선가 여옥의 슬픈 공후 소리가 바람결을 탄다.

2002년 《개천문학》 신인상 수상, 2004년 《월간문학》·《계간수필》 등단. 저서 《백번째 그리움》. 한국문인협회, 대표에세이, 계수회, 경남문협, 진주수필문학회 회원

팔월 중순, 아직도 하늘에 엄청난 물이 있다고 한다. 하면, 하늘 아래는 물속이라. 나는 우리는 다 물고기라? 이러다가 등허리에 지느러미가 생겨 날라. 턱밑에 아가미가 생길라. 명치끝에 부레가 뜰라. 터럭 자리에 비늘이 미끌거릴라 걱정이다.

사방에서 물비린내가 난다. 이대로 범람하다가는 강고기들이 바다로 가 염장고기가 되어 죽고, 바닷고기들은 염도를 잃어 싱거워져 죽을 것이다. 아릿한 통증이 쓰러진 전봇대에서 흘러나온 전류에 감전된다. 질정 없이 뛰는 심장에 반복되는 화면을 끄고 헤엄치듯 나온다.

닷새마다 서는 동네시장. 생선가게 A와 생선가게 B가 나란히 노점 좌판을 벌이고 있다. 좌판대 크기도 두 집이 비슷하고 생선 종류도 거의 같다. 품목은 주로 갈치 고등어 오징어 조기 가자미 등이다. 크기 굵기 신선도가 언뜻 다 비슷하다. 주인 A, B, 두 중년 여자는 나이도 비슷해 뵌다.

근데 A는 먹구름 같다. 언제 비를 쏟을지 모른다. 잔뜩 머금은 습도가 보기에도 무덥다. 그 안에 있는 생선들도 지친 모습이다. 툭툭 던지는 투박한 생선들이 얼음에 터지고 팅팅 불어터져 끙, 돌아눕는다. 그렇게 물을 머금고 남의 비늘까지 달라붙어서 떨어지지 않는 옆구리를 긁적거린다. 그것들이 한여름 열대야만큼이나 비린내를 풍긴다.

물거리가 좋나? 어떻나? 손님이 꼬리라도 치켜들었다가 놓고 가면, 궁시렁 궁시렁, 잔뜩 헛바람을 불어대는 먹구름 볼때기가 폭발할까 겁난다.

가격이라도 물어보고 그냥 지나가면, 그 죄 없는 생선을 들어서 좌판대에다 동댕이질 친다. 생선은 놀라 펄떡 뛰어오르고 시비는 배배 꼬인다. 끝내 폭우가 한줄금 쏟아진다. 에쉐! 소금 한 줌, 가는 사람 등에다 뿌리고 독설 한 바가지 퍼붓는다. 시멘트 바닥에 씩씩 문댄 무쇠칼을 들어 애꿎은 빈 도마를 내리친다. 멈칫 놀란 뒷손님이 얼결에 생선 한 마리 잡아간다. 그래도 부은 볼은 또아리 구름이다. 갈치가 토막 난다. 갈치가 원래 비린내가 많지만 여기선 좀 심하다. 명태가 토막 나고, 조기가 토막 나고, 오징어 토막, 도다리 토막, 고등어가 토막 난다. 오늘 도마에 어제가 있고 어제 냄새에 그제가 있다. 그 좌판에서 토막 쳐간 생선들은 사흘 전 나흘 전 닷새 전, 출처를 찾을 수 없는 비린내의 묘연함이 있다. 제 비린내에다 다른 비린내들이 따라간다. 그 면면을 알고는, 다음부터 A를 지날 때 조심조심 물막이를 잘 쌓아야 한다.

걸음을 멈추게 하는 B는 흰구름 가게다. 같은 구름이지만 색깔이 다르다. 흰구름 둥실에 바람도 살랑 불어 지나는 사람도 기분이 좋다. 비늘을 거스르지 않는 웃음은 비린내도 안 난다. 생선을 뒤적이다 그냥 가도 '네 그러세요' 한다. 흰구름 가게에서는 생선들도 허리를 잔주르며 편안히 누워있다. 모셔진 몸을 흰도마에서 살큰살큰 썰어 담아 신문으로 감싸서 다시 비닐에 담아준다.

싱그러운 바다냄새가 솔솔 나는 흰구름 가게. 시내를 돌아가며 서는 오일장이 차례로 적혀있다. 월요시장부터 토, 금, 목, 수, 화요시장 냄새가 포개져 있다. 그녀는 늘 끝없는 넓은 바다이야기를 한다. 남태평양 참치를 따라갔던 풀치 이야기를 할 땐 눈가가 젖는다. 부화될 때까지 보초를 서 주던 어미를 놓쳤을 때부터~ 상어의 먹이가 돼버린 황다랑어, 날다랑어, 눈다랑어, 가다랑어 얘기도 있다. 백상아리에게 반쯤 먹히다 살아난 참다랑어 이야기에서는 손님들도 따라서 안도의 한숨을 쉰다. 태평양 가운데서 파도가 덮칠 때, 폭풍우에 선로를 지웠을 때, 어선을 향해 오징어 떼가 내뿜던 먹물 이야기를 한다. 가자미눈이 돌아갔던 첫 장소가 대서양 근해였다는 이야기에서는 긴가민가 흥정하던 손님들이 무람없이 지갑을 연다.

오늘은 웬일인지 먹구름가게에 사람들 발길이 많이 멈춰 섰다. 사람이 물고기가 되는 요즘, 물비린내의 출처가 궁금도 하고 물속 같은 삶의 비늘을 벗어 내동댕이치고 싶어 나도 물 폭탄 이야기를 듣는다.

시장가방 안에는 마늘, 양파, 열무, 고무신 한 켤레, 발목양말, 인조로 만든 헐렁한 잠옷, 이것들이 뿜는 후끈한 냄새가 비린 갈치 냄새 하나를 중화시키려고 기를 쓴다.

하늘 저만큼 또 시커먼 물동이 구름이 떠 있다. 들이부울 듯, 기울기울 무섭다.

이광수

돈에게 길을 묻다

우리가 사는 현실적인 삶에서 돈 없이 되는 일은 거의 없다. 유행가 가사에 '돈 없으면 집에 가서 빈대떡이라도 구워 먹어라' 고 하지만 빈대떡의 원료 역시 돈 주고 사야 한다. 인류사회에서 돈은 사유재산제의 인정에서 출발한다. 돈의 가장 기초적 개념은 화폐라는 교환수단을 들 수 있다. 우리 인류는 오래 전부터 여러 가지 매개체가 될 만한 자료를 등가교환수단인 화폐로 만들어 사용했다. 조개를 다듬어서 사용한 것도 있고, 짐승의 뼈나 나무조각 같은 것을 다듬어 화폐로 사용한 흔적도 나온다. 물론 물물교환제가 갖는 불편함을 덜기 위해 인간이 고안해 낸 것이다. 동일한 교환가치를 지닌 물품의 맞교환은 사실상 불가능에 가깝다. 다른 물건과의 교환에는 누군

경남 고성 출생. 경남대학교 대학원 행정학과 박사과정 수료. 1990년 《수필문학》 추천완료, 1991년 《경남신문》 신춘문예 소설 당선. 소설집 《일그러진 초상화》, 수필집 《사색의 오솔길》. 가야대학교 장유평생교육원 문예창작 지도교수

가 조금은 손해라는 희생이 따르기 마련이다. 여기에 공동체의 통치집단에서 발행한 화폐(그게 동전이든 지폐든)에 등가교환의 권위를 부여함으로써 사회구성원의 컨센서스가 성립된 것이다.

농경시대가 끝나고 17세기 영국의 산업혁명을 깃점으로 부의 축적이 옛날의 세습적 관례를 깨뜨리는 일대 혁명이 일어났다. 왕족이나, 영주라는 귀족계급이 독점했던 돈, 즉 부는 새로운 상공계층의 출현으로 부르주아 계층이 생겨남으로써, 새로운 정치질서가 성립되고 시민들의 권리 또한 신장하게 된다.

이는 돈의 위력에 의해 권력의 향배가 좌지우지되는 시대로 급속히 이행하게 되는 전기를 맞은 것이다. 서구의 시민혁명은 바로 신흥부자층의 탄생과 함께 민주주의가 꽃피는 계기가 마련된 것이다.

지금 세상은 어떤가. 아담 스미스가 주창한 자유방임주의는 1930년대 대공황을 계기로 한계를 맞았다. 이에 시장경제에 정부개입을 주장한 케인즈의 수정자본주의가 반동의 깃발을 높이 들었다. 그러나 20세기를 끝으로 공산주의 체제가 무너지자 '제3의 길' 이란 기치 아래 신자유주의가 풍미하는 시대가 도래했다. 소위 자유무역주의 깃발 아래 유럽의 통합과 함께 그럴듯하게 전개된 신자유주의는 선진국과 후진국, 가진 자와 갖지 못한 자의 엄청난 격차를 발생시킴으로써, 또 다른 변화의 모멘트moment를 요구하고 있다. 분배의 불균형이 배태한 빈부격차는 사회적 혼란과 갈등을 야기시키는 촉매제가 되었다. 소위 균형잡힌 분배가 이뤄져 공동선이 조화를 이루는 따뜻한 행복의 추구가 실현되는 사회로의 이행을 촉구하고 있는 것이다. 과도한 부의 일극 집중, 재벌이나 글로벌 기업의 무차별적 부의 독식은 가난한 자를 더욱 가난하게 하는 80:20의 사회로 몰아가고 있다.

이처럼 돈의 위력 앞에 한 발자국도 물러날 수 없는 '쩐의 시대' 를 맞아 우리가 돈에게 물을 수 있는 길은 도대체 뭘까.

나 역시 돈 때문에 울고 웃는 인생을 살아왔다.어디 나만 그렇겠는가. 이 세상 사람 거의 대부분이 돈 때문에 울고 웃는 인생을 산다 해도 과언이 아니다. 우리가 어릴 때 학교에서 공부할 때는 최영 장군이 하신 "황금을 보기를 돌같이 하라"는 말을 금과옥조로 여기며, 청빈이 인생 최고의 삶인 것처럼 교육받고 자랐다. 그러나 날로 치열해져 가는 경쟁사회로 이행되면서 물질에의 집착은 가히 상상을 초월하는 지경에 이르렀다. 돈을 벌기 위해서는 수단방법을 가리지 말 것을 충동질한다. 개같이 벌어서 정승처럼 쓰라고 말한다. 개같이 벌려면 정상적인 방법으론 결코 큰돈을 벌 수가 없다. 탈세는 기본이고 부정한 돈거래와 사기행각까지 이루 헤아릴 수 없을 만큼 그 수단과 방법들이 다양하다. 여기에는 인정도 피도 눈물도 없는 것이다. 누가 잡아먹느냐 잡아먹히느냐 하는 승자독식의 논리만 통할 뿐이다. 권력투쟁이나 금력투쟁이나 오십보 백보겠지만, 어쩌면 금력싸움이 더 치열할지 모른다.

이런 세상에서 그럼 우리는 돈에서 어떤 길을 찾아야 할까. 흔히 하는 말로 욕심을 덜어내기 위해 마음을 비우고 살아야 한다고 말한다. 나 역시 여러 글에서도 그럴듯하게 포장해서 그렇게 말한다. 물론 지나침을 경계하라는 말이지만 현실적으로 따지고 보면 공허한 말로 들릴 수 있다.

우리가 먹고사는 일에서 자유롭지 못한 이상 현실을 무시할 수 없기 때문이다. 따라서 정당한 노력의 대가로 번 돈, 정당하게 세금내고 합법적으로 번 돈으로 노블레스 오블리주(가진 자의 사회적 책임)를 실천하는 것이, 바로 우리가 돈에게 길을 물어 얻을 수 있는 교과서적인 답이 될 것이다. 미국의 워렌 버핏이나, 빌 게이츠처럼 이 사회에서 번 돈이니 결국 이 사회에 환원해야 한다는 보편적 인식이 깊게 뿌리내린 세상. 독점이나 소유보다 나눔의 부의식이 평준화된 세상이 빈부 간의 갈등 없는 따뜻한 자본주의로 가는 길이 아닐까. 그게 바로 우리가 돈을 벌면서 돈에게 물어 봐야 할 길이라고 생각한다.

수필

24시간의 변주곡

이동이

바람은 사나워지고 비까지 퍼붓는다.

가는 곳이 곧 길이 된다던 몽골의 초원. 그 길 위에서 생기와 열정을 찾고 싶어 가방을 꾸렸다. 초원에서의 정취는 아주 각별할 것 같은 기대를 안고 인천공항에 당도했다. 6, 7월이 성수기이고 이맘때쯤 나담 축제가 열리는 기간이라 몽골로 향하는 여행객들이 의외로 많았다.

오후 7시 30분발 출국 수속을 밟으려 대기 중이다. 인솔자가 없는 관계로 여행사 직원의 안내를 기다렸으나 어쩐 일인지 감감무소식이다. 시간이 흐를수록 잦아지는 동료들의 두리번거림에 한껏 부풀어 올랐던 내 마음마저 별안간 불안감이 차올랐다. 한참을 기다려도 우리 중 누구의 이름도 부르지

부산 출생. 한국방송통신대학 국어국문학과 졸업. 1986년 제1회 MBC여성백일장 장원, 1991년 《경남문학》 신인상, 2000년 《수필과 비평》 신인상 등단. 경남문협우수작품집상 수상. 가향문학회 회장, 경남수필문학회 감사 역임. 수필집 《바람개비의 갈망》. 수필과비평작가회 경남지부장

않는다. 동행할 팀은 이미 게이트를 빠져나갔는데 우리만 처져 있다. 시간은 촉박한데 아직 티켓도 받지 못하다보니, 여차하다간 비행기를 놓칠 것 같아 직원에게 서둘러 달라고 부탁했다. 우리들의 이름을 대조해보던 직원의 반듯한 머리가 좌우로 연신 갸웃거리는가 싶더니 아뿔싸! 여권이 접수되지 않았단다. 그럴 리가. 아침만 해도 분명 지역여행사로부터 일괄 처리되었다는 연락을 받았지 않은가. 그런데 난데없이 여권이 분실되었다고 하니 참으로 어이가 없고 황당했다. 여행에 대한 설렘은 어느새 혼란스러움으로 소용돌이치기 시작했고, 무엇보다도 국내에 명성 있는 여행사에서 어떻게 이런 일이 생길 수 있는지 납득이 가지 않았다. 사실 여권을 분실했다는 말보다 오늘 당장은 몽골을 갈 수 없다는 낭패감에 더욱 맥이 풀렸다. 인파 속에서 탑승 게이트 안으로 촘촘히 빠져나가려던 우리들의 모습은 환영이었던가.

그동안 끝없이 펼쳐진 초원을 동경하고, 밤하늘의 무수한 별들이 가슴으로 후두둑 떨어지는 상상을 하면서 이날을 기다려 왔다. 여행 일정을 조정하고 며칠간의 부재로 인해 쌓여갈 일거리들을 앞당겨 해 놓느라 여간 고심한 게 아닌데, 이런 차질이 생기다니 이 무슨 변고란 말인가.

무의미한 시공을 채우고 있는 공항의 공기를 가로질러 여행사 담당자의 목소리가 들려왔다. 여행사 측에선 최종점검 후 인계하지 않고 휴무에 들어간 직원의 실수라며 연신 사과를 했다. 도저히 용납되지 않은 변명 같았다. 개인의 사소한 실수로 용인하기에는 그들의 업무체계에 문제가 있다고 판단했다. 인생을 좌지우지할 만큼 아주 중요하거나 다급한 일로 이번 비행기를 꼭 타야만 하는 사람이 있었다면 그 막대한 피해를 어떻게 감당하려는 것인지, 점점 지금 상황의 심각성을 확대 해석하다보니 와자하고 소란스러웠다.

당황한 우리만큼이나 그들도 안절부절못하며 이곳저곳을 수소문하고 계속 전화를 해댔지만 명쾌한 답이 나오지 않았다. 결국 여객기는 우리의 바람을 져버리고 빗속을 가르며 휑하니 날아갔다.

망연자실. 공항에 온전히 버려진 참담한 기분이었다. 그들의 무책임에 분노가 일었다. 허나 언성을 높여 항의해 본들 소용없는 일이었다. 오늘이 아니면 내일의 가능성을 열어보기도 했지만 문제는 여권을 찾는 일이 급선무였다.

패닉상태인 고객들을 바라보는 그들의 속도 꽤나 탔을 텐데 침착하고 태연해 보였다. 그러면서도 아주 공손하게 차선책을 내놓았다. 동남아와 제주여행을 해 보는 것이 어떻겠냐고. 여행경비는 일절 여행사 측에서 부담하겠다고. 하지만 이미 불신의 골이 자리 잡고 있는 터라 다른 여행상품에 대한 이야기는 귀에 들어올 리가 만무했다. 한시바삐 여권을 되찾아, 갈 수 있다면 오로지 몽골행을 원할 뿐이었다.

창가엔 억수같은 비가 주룩주룩 내렸다.

심드렁하게 배를 내민 가방을 그들이 마련해준 호텔 방에 가둬놓고 밤거리로 나왔다. 이 미적지근한 기분을 단번에 날릴 수 있는 것이 필요했던 일행에게 혀끝을 톡 쏘는 불닭과 알싸한 소주는 우리의 기분을 전환시키는데 일등공신이 되었다. 도드라진 감정이 시원한 빗줄기에 차츰 누그러지자 이 또한 여행에서 체득하는 묘미가 아닌가 싶었다.

다음 날 아침 우리는 어디든 떠나야만 했다. 연이 닿지 않는 곳이라면 미련을 떨칠 줄도 알았다. 게다가 여행사에서 제주도여행을 보상책으로 마련해준다니 그것으로나마 위안을 삼기로 했다. 설혹 여권이 분실되어 찾지 못하더라도 그들의 방안이 있을 터. 괜한 기우는 버리고 국내선을 타기 위해 부지런히 김포공항으로 갔다.

모든 것은 마음에서 비롯된다더니, 뒤숭숭했던 어제의 일들을 말끔히 털어내고 어느새 우리는 제주도의 비경을 들먹이며 희희낙락했다. 그리고는 출구로 나가기 위해 대열에 나란히 섰다. 제주행 비행기가 이륙하기 딱 15분 전이었다.

그때였다. 여행사 측에서 연락이 왔다. 여권을 찾았단다. 오늘 저녁 시간대엔 몽골행 비행기도 탈 수 있다고 한다. 순간 머리가 멍해왔다. 겨우 마음의 평정을 찾았는데, 또다시 혼란이 일었다. 그러나 분명한 건 제주도가 아닌 몽골여행을 가야 한다는 사실이었다. 갑자기 일사천리로 짐을 찾기 위해 우르르 몰려가 수화물 확인서를 받고, 곧 이륙하는 비행기를 잠시 지체시켜 가방을 찾고, 이층에서 일층으로 지하로 숨 가쁘게 뛰어다녔다. 얼마나 마음 졸이며 뛰어다녔는지 등줄기에 땀이 흥건했다

다시 인천국제공항으로 향하는 지하철을 탔을 때는 급작스런 소식에 있는 기운을 죄다 소진해 버렸는지 모두들 지친 모습이다. 마치 누군가의 조종에 의해 타고, 내리고, 또 타고, 내리고를 반복당하는 듯하여 나도 모르게 주변을 휘 둘러보았다.

하루 24시간. 그동안 우리에게 무슨 일이 일어났던 걸까. 도무지 믿을 수 없는 일에 우리의 모습은 참으로 다양했다. 더러는 논리적인 사고로 예시를 들며 항의를 했고, 더러는 즉흥적인 직관으로 몰아세우기도 했다. 완벽하기를 원했고 섬세하기를 종용했다. 심적 물리적 피해에 합당한 보상을 해야 한다고 했다.

그런 우리의 모든 소리까지 당연한 듯 공손히 듣고 있는 그들이 한편으로는 안쓰러워 보였다. 비에 흠뻑 젖기도 하고, 끼니를 거르면서도 우리의 비위를 맞추느라 안간힘을 쓸 때는 이 시대 가장의 모습을 보는 듯 마음이 쓰였다.

옳고 그름을 따지기 전에 여유를 가지고 초연하게 대처했더라도 지금의 결과와 같았을까. 항의에 따른 그들의 어쩔 수 없는 처방이라면 씁쓸하기 그지없지만, 애당초 여행사 규정에 따라 처리될 것이었다면 좀 더 아량 있

고 느긋한 모습 보여주지 못한 것 같아 부끄럽다.

어쩌면 그 시간에 떠나서 만나는 모든 것들은 우리와의 인연이 아니었던 게다. 그래서 이렇게 하루를 비껴가는지도 모른다. 이보다 더 놀랍고 기묘한 일들이 우리 앞에 턱 하니 나타난다면 우린 또 어떻게 그 난관을 감당해야 할지 생각만 해도 오싹하다.

이제 되었다. 한시름 놓았다. 저녁이면 그토록 기대하던 몽골, 그 넉넉한 대자연의 품으로 가게 된다. 이 번잡한 상념과 지친 심신을 초원 위에 혼곤히 풀어 놓을 수 있게 된다. 위로받으리라. 야생화의 향기에 갇혀 오래토록 평온하리라.

이두애

나는 가수다

평소 텔레비전을 잘 시청하지 않는 편이다. 프로그램, 탤런트 이름, 유행어도 잘 알지 못한다. 어쩌면 텔레비전에 나오는 연예인, 탤런트에게 관심이 없는 것일 거다. 그런데 언젠가 텔레비전을 켜니 잘 알려진 가수가 열정적으로 노래를 하고 있었다. 채널을 고정시키고 지켜보았다. 순간 감미로운 노래에 푹 빠졌던 기억이 있다.

요즈음 강좌를 듣기 위해 자주 텔레비전 앞에 앉는다. 그런데 며칠상간에 여러 채널에서 '나는 가수다'를 본방이 아닌데도 녹화방송, 재방송 등을 자주하는 것이다. 그만큼 프로가 인기가 있는 건지 방송 횟수가 많았다. 왠지 처음 방송 때의 신선함이 사라졌다는 생각이 들었다. 가수들이 작곡가를 찾

부산 영도 출생. 《한국수필》 등단. 수필집 《미리벌 향기》. 한국수필가협회, 경남문인협회 회원. 밀양문인협회 사무국장

아가 편곡하는 모습, 연습 장면, 인터뷰 장면 등을 다양하게 보여 주고 있다. 또 녹화할 때 있었던 일까지 자세하게 시청자가 알 수 있다. 방송 때 비공개되었던 부분까지 가수들의 인터뷰를 통해 낱낱이 알 수 있는 방송들을 하는 것이다.

'나는 가수다' 는 주말 황금시간대에 방송되는 서바이벌 형식의 예능 프로그램이다. 기본적으로 음악에 대한 애정이 있는 시청자들이 많이 보지만 음악을 잘 몰라도 모두 즐길 수 있는 방송을 만드는 것이 제작진의 목표라고 전한다. 가창력이 뛰어난 7명의 가수들이 노래실력을 겨뤄 청중 심사단의 평가를 통해 가장 낮은 점수를 받은 1명이 탈락하는 서바이벌이다. 탈락한 가수는 눈물을 흘릴 정도로 다운되어 보인다. 방송이 끝나고 나면 뒷이야기들이 인터넷에 도배를 한다. '나는 가수다' 를 처음에는 이렇게 보았다. 가창력이 있어야 방청객을 사로잡는 진정한 가수가 되겠구나! 느끼면서 감동을 받았다. 하지만 인터넷 이야기를 보면 이런 느낌들이 상실되었다.

경연방식은 10~50대 연령대별로 구성된 청중평가단 500명이 가수들의 공연을 보고 가수의 생존과 탈락을 경쟁하는 선호도를 평가하는 프로그램이다. 탈락하지 않기 위해 목이 터져라 노래하는 가수들의 모습을 보고 있으면 긴장의 끈을 놓지 않게 된다. 노래를 듣는 순간 울어버리는 방청객도 있다. 이렇게 되니 가수들은 변형이 아닌 변형을 해서 무대에 오른다. 그래서 경쟁 풍조를 여과 없이 보여 주며 경쟁을 조장하는 것처럼 보여지기도 한다. 청중평가단은 자기가 좋아하는 가수를 탈락시키지 않으려고 할 거다. 이 또한 공정성에 문제가 있지 않을까!

한 곡의 노래에는 엄연히 작사와 작곡가가 있다. 그런데 편곡을 너무 심하게 해 내가 알고 있는 본래 곡의 리듬을 모를 정도로 편곡된 곡들이 대부분이다. 그리고 가수는 '이렇게도 부를 수 있다' 를 많이 보여주어야 탈락하지 않고 열심히 연습했다고 인정을 받는 것 같았다. 탈락한다면 그것은 가수가 노래를 못해서가 아니라 멋지게 탈락하는 모습을 높이 평가한다고 이야기한다. 그렇지만 나의 생각은 좀 다르다. 지나친 편곡은 창작의 독창성이 무시되고 예술의 본성이 흐려짐을 느끼게 한다. 노래를 듣고 즐거우면 되지 않는가, 가수들을 서바이벌 경연으로 탈락시켜 예상치 못했던 문제들로 혼란을 일으키는 것 같다. 출연진의 무편집 영상이 공개되자 시청자들은 무편집 영상과 방송 영상을 비교하며 무대 완성도를 놓고 왈가왈부하기도 한다. 왜 편집되었는지 항의하는 가수도 있다고 한다.

가수에게 노래 말고 또 다른 프로의 기질을 우리가 꼭 알아야 할까! 시청자가 듣고 싶은 노래들을 들려주면 되지 서바이벌 경연을 해 다른 문제들로 관심을 끄는 것은 바람직하지 않다고 본다. 나-가수 뿐만 아니라 여러 개의 서바이벌 경연들이 계속 늘어나는 추세이다. 이 방송사에서 하니까 우리도 하는 식의 프로그램보다 유익한 프로그램이 만들어졌으면 한다. 적당한 게 좋은 거지 지나치면 분명히 수반되는 문제가 생기기 마련이다.

지금 이 시간에도 엄청난 상금을 걸고 진행하는 프로그램을 비롯해 아이돌 열풍, 싱거운 토크쇼들이 채널마다 방송된다. 청소년들이 좋아한다. 방송에 나오는 직업이 이젠 학생들에게 최고의 인기직업이라고 한다. 일명 연예인이다. 이렇게 편중되어 흘러간다면 이 또한 문제다. 멋진 노래를 가수가 잘 소화하여 멋진 목소리로 불러준다면 최고의 감동이다. 연예인의 사생활까지 지나치게 방송 내용에 무게를 싣는다면 공정성이 상실된다. 특정방송들의 현실이 이 사회에 미치는 현상에 대해 질문을 던지고 싶다.

길 위에서 길을 묻다

이석례

오늘도 기차를 탔다. 역방향 좌석에 앉으면 창밖의 자연경관이 한 장의 풍경화로 나타나 서서히 반원을 그리며 가물가물 사라진다. 순방향 좌석에서는 마을, 산, 강 등이 앞에서 나타나 쏜살같이 뒤로 달아나버리는데, 그것보다 더 아련한 여운을 남긴다. 역방향 풍경은 내 마음속에서 지난날 살아온 모습이 사라지는 양상과 같다. 그래서 나는 더 저렴하기도 한 역방향 좌석을 선호한다. 또 여유가 있을 때는 밀양이나 동대구에서 잠시 환승 기차를 기다리며 기분 전환을 한다. 이제 기차 타기에 달인이 됐다고나 할까? 거의 매주 서울을 오르내린 지도 5년이 넘었다.

이렇게 서울을 가는 이유는 젊은 시절 보류했던 '꿈에 대한 향수', 그리

청주 출생. 1993년 3월 《문예한국》 수필부문 신인상. 2010년 5월 시전문 격월간지 《유심》 시 추천(필명 이석란). 현재 동국대 문화예술대학원 석사과정

고 '자기만족' 이다. 타의에 의해 또는 어쩔 수 없이 해야 하는 일이었다면 진작 그만두었을 것이다. 30여 년 전 서울을 떠났을 때와는 서울도 나도 많이 변했지만 서울에는 가장 아름다웠던 그러나 반항과 아픔을 겪던 젊은 날의 내가 있다. 세상을 모르던 여고생이 교복을 입고 오르내리던 홍대 앞은 허허벌판으로 겨울에는 바람이 무척 차고 거셌다. 그 후 미니스커트 입고, 뾰족 구두를 양손에 움켜쥐고, 통금위반으로 뛰던 서울 밤거리. 그때가 아직도 생생하다.

요즘에는 서울 생활에도 익숙해져 서울을 가지 않는 한 주는 심심하다. 서울에도 집이 있고 일주일 중 반은 살다보니 친구도 문학 동인도 생겼다. 어떤 때는 주소를 적어야 할 때 헷갈린다. 서울 주소를? 창원 주소를? 그러나 아직은 창원 사람이다. 더 오래 정든 사람이 많고 나를 더 보듬어 안아주고, 더 많은 추억이 있다. 가능하다면 앞으로 계속 이곳에서 살고 싶다.

지난주에는 서울에서 '그을린 사랑' 과 '사라의 열쇠' 두 편의 영화를 보고 내려왔다. 예술영화나 다큐멘터리영화들은 거의 서울에서만 볼 수 있다. 또 대학로에서는 언제 가도 입맛대로 연극이나 뮤지컬을 골라 볼 수 있다. 가끔 '우리나라가 선진국인가?' 하고 생각해본다. 선진국이라면 적어도 사회 어떤 분야에서든 불평등이 존재하면 안 된다. 그러나 우리나라는 아직 그렇지 못하다.

서울 집중화 현상은 날이 갈수록 더해지고, 그로 인해 여러 가지 폐해가 많다. 특히 안타까운 것은 이곳 고3 학생들이 서울 소재 대학에 진학하기 위해 치러야 하는 비용이다. 수능 시험을 코앞에 두고, 입시 수시시험을 보기 위해 서울로 가야 되는 학생들에게 돈과 시간에 따른 스트레스는 엄청나다. 서울 학생들은 1천 원 내고 전철 타고 1시간 안에 갈 수 있는데……,

나는 언제까지 서울 갈 기차표를 매주 예매할는지 모르겠다. 어떨 때는 기차 시간을 맞추기 위해 시내버스나 택시 기사에게 '기차 놓치지 않게 좀 더 빨리 역에 데려다 달라' 고 부탁한 적도 있다. 한번은 버스기사가 신호를 위반하면서 내가 기차를 놓치지 않고 탈 수 있게 해주었다. 나는 그 기사에게 감사하다며 가방 안에 있던 간식거리를 주고 내렸다. 힘들고 피곤할 때도 많지만 아직은 기차 타는 일이 즐겁다.

가끔 길 위에서 보낸 시간이, 돈이 얼마나 될까? 생각해 본다. 그리고 기차에 앉아, 서서히 사라지는 풍경을 바라보며, 어떻게 살아야 하는 걸까? 부모란? 부부란? 그리고 문학은? 시는? 지금 내가, 우리가 처한 현실은? 내 물음은 길 위에서 끝이 없고, 기차는 시속 300킬로가 넘는 속도로 달린다.

수필

이원기

음주 광고 너무 많다

선진국 국민들은 차를 마시고 후진국 국민들은 술을 마신다. 흐려지는 정신을 맑게 하기 위해 선진국 국민들은 차를 마시고 후진국 국민들에겐 사회구조가 취하여 흐리지 않고는 살아남기 어렵기 때문일 게다.

어두웠던 시절, 술 담근 쌀이 밥 지은 쌀보다 많았던 집들이 꽤나 있었다. 우리는 술로 인해 아까운 분들이 목숨을 잃거나 폐인이 되어 패가망신했었다는 소리들을 들으며 자라왔고 또한 눈으로 직접 보면서 성장했다. 조선 중기까지만 해도 선대 임금이나 조상에게 제례를 올릴 땐 차를 올렸지 술을 올리지 않았기에 그래서 지금도 차례茶禮를 지낸다고 한다.

술이 단지 기호품만으로 존재한다면 생활의 윤활유로 오히려 권장할 일

경남 사천 출생. 1997년 《문학춘추》 수필 등단. 부산대 의대, 서울대 대학원, 고신대 대학원 의학박사. 수필집 《행복기르기》 《듣기 좋은 꽃노래도》 《뒷모습만이라도 보기 좋아야》 외 다수. 경남문협, 한국문협 회원

이나 일단 중독되어 그것에 의존하게 되면 당사자는 물론 그 가족이나 이웃, 나아가 국가에 헤아릴 수 없을 만큼의 정신적, 물질적 폐해를 주게 된다.

며칠 전 시내 한 멀티플렉스 영화관에 영화를 보러 간 적이 있었다. 참으로 오랜만에 갔기 때문에 모든 게 낯설긴 해도 별천지에 온 듯 깨끗한 건 물론 시야도 넓고 음향도 스크린 크기도 모두 마음에 쏙 들었다. 그런데 본 영화가 시작되기 전 광고를 하는데 이건 온통 술 광고 일색이다. 경쟁적으로 시합하듯 생산된 낮은 도수의 소주를 마치 음료인 양, 특히 젊은 여성들이, 마시고 싶도록 온갖 모양새를 보여주며 유혹하고 있다.

우린 너무나 자주 그리고 쉽게 술을 마시고 그걸 당연시하는 것 같다. 요즘 문제영화나 일일 TV드라마 또는 주말 연속극을 보면 걸핏하면 욕하고 술 마시는 게 다반사茶飯事가 아니라 주반사酒飯事로 너무 심하다.

방송심의위원회가 연속극에 담배 피우는 화면을 규제한 이후 이젠 담배 대신 술로 바꿔치기라도 한 것처럼 차 마셔도 될 장면에 차 대신 술을 마신다. 극중 내용에 갈등 장면이 뜨면 남녀 주인공은 언제나 포장마차나 양주바에서 과음 후 취하여 추태 부리는 게 이젠 5살짜리도 다 아는 공식이 되었다. 염려스러운 것은 이런 영화나 광고를 보고 그대로 따라하는 청소년들과 특히 젊은 여성들의 음주가 정도를 넘어선 것처럼 보인다는 점이다.

술의 잦은 접촉은 그 대사과정에서 만들어지는 물질에 의해 뇌 세포가 알코올에 적응되어 그것에 의해 몸의 평행상태가 유지되도록 점차 변해간다. 그리고 알코올 중독 유발 유전자는 남녀 간에 서로 다르다고 알려져 있다. 우리의 고정관념이나 상식과는 달리 술에 잘 취하지 않는 남자와 술에 잘 취하는 여자가 알코올 중독에 더 쉽게 빠지기 쉽다. 여성은, 알코올 대사기능이 신체적으로 원래 남자보다 저하되어 있으므로 같은 양의 술을 마시더라도 더 빠르게 취하며, 또한 남성보다 정서의 변화가 심하고 잦게 마련인데, 이걸 해소하려고 술을 마시다 보면 쉽게 중독된다.

대학병원 정신과에 입원한 알코올 중독 환자의 한 연구에 따르면 남자는 20세에, 여자는 27세에 술을 배우고, 여성은 42세에 알코올 중독으로 입원하는, 이른바 여성은 늦게 배우지만 쉽고 빠르게 중독된다는 결과를 보였다. 이런데도 요즘 여성들은 20세 이전부터 잦은 음주 기회를 가지므로 따라서 여성 알코올 중독이 사회의 큰 문제로 부상할 것이라는 건 불을 보듯 뻔하다.

상대적으로 여성은 남성보다 수분이 적고 체중이 가벼우므로 같은 양의 알코올에도 여성의 신체가 더 많이, 더 심하게 망가진다. 가임여성들에게 술을 권하는 사회라면 분명 나라의 장래에 문제가 있다. 무엇보다 여성의 음주 기회가 잦아지고 심화되는 주된 원인은 양성평등에 대한 인식의 변화로 여성음주에 대한 사회적 관대함을 빙자한 무관심이다. 또한 모방과 세뇌의 원흉인 TV와 핑크빛 술 광고들도 부채질을 하고 있다. 멋있는 인생, 술과 사랑과의 낭만적 조화, 사랑의 묘약 등을 이미지로 하여 젊은 여성들을 유인해 알코올 중독의 수렁에 빠뜨리게 하고 있는 셈이다. 그러나 천만의 말씀, 알고 보면 사랑과 술은 전혀 어울리지 않는 동반자다. 마음대로 마시는 건 술이요, 내 뜻대로 안 되는 건 사랑이며, 머리 아프게 하는 건 술이요, 마음 아프게 하는 건 사랑이니 하는 말이다.

고사리를 꺾으며

이정하

자연은 소리 없이 조용하게, 인간사 치열한 우리 곁에서 변화를 갖고 온다. 지난번 기차 안에서 봄눈이 오는 줄 알고 얼마나 황홀했던가. 무심한 바람결에 견디지 못한 벚꽃들이, 뿌연 황사를 데리고 흩날리던 것이 진눈깨비로 착각을 가져오더니, 봄의 연둣빛 잎사귀에서 초록의 물결을 본다.

뉴스에서 금융파산과 감독관의 부조리를 연일 보도하고 있다. 우리의 경제가 어렵고 시국이 어수선하다고들 아우성이다. 그 소리들은 허공을 떠도느라 신물이 난다. 그러나 자연은 겸손하다. 차근차근 흐트러짐 없이 미덕을 지킨다.

오랜만에 산에 갔다. 언니와 동생 부부 그리고 우리 부부, 다섯이 배낭을

《계간수필》 등단. 개천문학상 수상. 계수회, 경남문인협회, 경남수필문학회, 진주문인협회 회원

메고 산을 올랐다. 사실 오늘 산행은 봄나물 채취를 위해 형제들이 멀리서 달려온 것이다. 산에 고사리가 많이 나는 것은 알았지만 취나물이 밤나무 밑에 지천으로 깔려 있는 것을 지난가을에 등산하던 언니가 발견했다. 그 후 우리는 봄이 오기를 기다렸다.

고사리가 많이 올라왔을 때를 가늠하여 날짜를 잡은 것이다. 산으로 오르는 과수원에는 복숭아꽃이 볼을 붉히며 해맑게 웃어주고, 배꽃은 배시시 속없는 여자의 웃음처럼 지천으로 피어나 눈이 부시다.

과수원을 지나 산의 초입에서 아침을 먹기로 했다. 새벽부터 부산을 떨어 찰밥을 하고, 나물을 무치고, 고기를 준비했던 것을 꺼냈다.

"우와! 우리 오늘 잔치합니까?"

제부가 눈을 굴리며, 귀에 꽂았던 이어폰을 뽑는다. 차에서 내려 줄곧 혼자 앞서 걷더니 음악 속에 빠져 있었던가 보다.

가을에 짙은 갈색으로 우리를 맞아주던 오솔길에 오늘은 연푸른 잎들이 눈 맞추기에 바쁘다

고사리를 찾아 산을 헤매는 동안 제부는 내 뒤를 따라다니며 음악이야기를 한다. 클래식을 좋아하고, 팝을 좋아하는 제부는 무슨 음악이든 한 곡을 선정하면 며칠을 그것에 몰입하여 듣는다. 거기에서 헤어날 때쯤, 한동안 접어 두었던 다른 음악을 꺼내 다시 듣고 또 듣게 된다. 그러면 자신도 모르는 자신이 순하게 흐르는 강물처럼 되어 있더라고 말했다.

그래서 그런가 제부의 옆모습이 정말 유순해 보인다.

"저는 요즈음 버스를 타고 출근합니다."

승용차를 가지고 다닐 때와는 다른 행복함이 있는데 그게 눈을 감고 음악을 들으며 사색할 수 있는 것이라 했다. 그런 날은 환자의 등을 한 번 더 다독여 줄 마음의 여유가 생긴다고 했다.

제부는 개인의원을 하다가 얼마 전에 종합병원으로 자리를 옮겼다. 의원

을 하는 동안 재정적인 문제로 적잖은 애를 먹었다. 지금은 오히려 홀가분하다는 애기를 하는 걸 보면, 내색하지 않은 속내가 오죽했으랴 싶었다.

마른 고사릿대가 있으면 반드시 그 옆에 새 고사리가 돋아 있는 것이 신기하다.

가을, 홀씨를 날려 보내고 자욱한 안개 같은 웃음을 흘리며 봄을 기다리는 여정은 생기가 넘치지만은 않았다. 찔레가시 덤불이 몸을 찌르는가 싶더니, 칡넝쿨이 여린 몸을 칭칭 감고 돌아 어지럽고 신간스러웠다. 겨울은 또 얼마나 혹독한 시련이던가.

지나가던 낙엽이 이불이 되어주고, 따스한 햇살이 내려와 차가운 살결을 만져주었다. 어둠이 부드러워졌다. 온기가 느껴진다. 세상을 보고 싶은 마음.

있는 힘을 다해 어둠을 밀어냈다. 어림없다. 아직은 딱딱한 겨울이 가슴을 눌러댔다. 몇 번이고 호흡을 가다듬어 몸을 뒤척였다. 번민에 빠져드는 밤이 얼마였던가. 실낱같은 빛을 보았다. 터널 끝에 있는 그 새로운 세상이 조금씩 보인다. 파르스름한 안개가 끼인 푸른 숲이.

뽀송한 솜털을 달고 기어코 펴지 않을 것처럼 꼭 쥐어진 채로, 제일 먼저 올라오는 것은 암갈색인데다 튼실하다. 아직 잎이 올라오지 않은 주변의 분위기와 미묘한 조화를 이룬다. 자신을 지키기 위한 본능인가 보다.

튀지 않으며 소란스럽지 않게 나만의 의지와 꿈을 갖고 옹골차게 태어나, 몇 번이고 꺾이어도 끈질긴 생명력으로 다시 태어나 홀씨가 되어 날아가는 고사리.

자유를 꿈꾸며 날아가는 일은 세상사 초연히 떨치고야 가능하지 않겠는가. 어쩌면 아무도 바라보지 않는 묵묵한 침묵을 기다렸을지 모르겠다.

처음 꺾어보는 고사리가 동생에겐 잘 보이지 않나 보다. 그만 내려가자고 성화다.

조금만, 조금만 하면서 욕심을 부린 언니와 내 배낭에는 고사리가 가득하다. 재미로 하면 좋을 텐데 욕심을 부려 노동을 한다며, 몸살할 거라며 동생이 투덜거린다.

"이거 언니 가져." 아스파라거스 같은, 연한 잎들이 손에서 바람을 일으킨다. 피어버린 고사리 한 움큼 손에서 내려놓으며 날더러 가지란다. 언니와 나는 마주보며 히죽거렸다.

내 배낭에 고사리 절반을 덜어 동생에게 주었다. 고사리는 삶아서 찬물에 헹구는 게 아니라고 했다. 식혀서 햇볕에 잘 말려서 쓰라고 일러 주었다.

고사리를 삶는다. 천년을 머금은 그 특별한 향이 온 집안을 덮는다. 태곳적 모습을 그대로 간직해온 고사리. 그 강직함을 가로채 온 것 같아 미안하다.

잠자리에 들었는데 천장이 고사리로 어른거린다. 꿈속에 소나무 향기가 그윽한 고사리밭에서, 나는 길을 잃었다.

수필

경남문학, 새 단장하면

차상주

도서관에 비치된 각종 문예지를 본다. 《문학사상》, 《현대문학》 등 유수한 문예지에는 한국문화예술진흥회가 선정하는 '우수문예지' 라는 딱지가 붙어 있다. 그간 중앙지 일색에서, 《시와 사상사》(부산), 《시와 반시》(대구), 《문학들》(광주) 등 지방지도 더러 선정되어 있다.

경남문인협회에서 발행하는 《경남문학》은 종합지로서는 우수한 편에 든다고 한다. 지금보다 작품의 수준을 한 단계 높이고 독자의 구미를 돋우는 읽을거리를 싣는 등 변신을 시도한다면 종합지로서는 유일하게 '우수문예지' 로 선정되는 일도 꿈만은 아닐 것이다.

문재文才를 타고 난 이도 있으나, 문단에 널리 이름이 알려진 문인들은 한

《문예한국》 수필 등단. 경남대 경영대학원 졸업. 진해문인협회장 역임. 저서 《F학점의 강사》 《왕바람을 맞다가 장대비에 젖다가》. 경남문협, 경남문학관 이사

결같이 좋은 글을 쓰기 위한 비결은 자신과의 피나는 싸움뿐, 지름길은 없다고 말한다. — 많이 쓰고 많이 고쳐라. 좋은 글을 많이 읽어라. 남보다 다르게 보고 남보다 깊이 생각하라. 그리고 타인의 비평을 겸허히 받아들여라 —.

시인 정일근도 습작시대에는 펜혹이 생기도록 시 한 편, 한 편을 시간 나는 데로 베껴 적었다니 그 노력의 일단을 알고도 남음이 있다. 지금도 좋은 시를 보면 옮겨 적으며 그 시의 비밀을 찾으려고 한단다. 펜혹이 오늘의 그를 만든 밑거름이 되지 않았을까 한다.

우리 고장에는 시나 아동문학, 수필 등에서 일가를 이룬 문인들이 많다. 이들 몇몇 문인들만으로 경남문학을 평하지는 않는다. 오히려 일정한 수준에 못 미치는 작품을 놓고 평가의 잣대를 들이댈 것이다.

아무렴 서점을 찾는 이는 젊은이나 4,50대 중년이 대부분이다.

서적의 본 고장인 영풍문고나 교보문고에 《경남문학》을 내어 놓아도 아직은 이들이 잘 찾지 않는다고 한다.

지금의 문예지 중, 시 · 도 단위에서 발행하는 종합지는 시, 소설, 수필, 평론 등 '그 밥에 그 나물이라' 확 당기는 내용이 없을 뿐더러 재미도 없기 때문이리라.

한 10년 이상 된 작가라면 자기 나름의 글을 쓰기 마련이다. 이러한 글쓰기가 자의식으로 굳어져 '생각' 이 담기지 않는 글일지라도 작가 자신은 인식하지 못한다. 이러한 맹물 같은 글에 얼마만큼의 소금을 쳐야 하는지 알려주는 것이 비평이다. 국화빵을 만들 때 '앙꼬' 의 깊은 단맛을 내는 것이 소금인 것처럼.

이렇게 글의 아프고 가려운 데를 찾아내어 처방해 주는 비평은 좋은 글을 만드는 채찍이랄 수 있으므로 비평의 확대는 빠르면 빠를수록 좋지 않을까 한다. 지금처럼 몇 편의 평설로는 경남문학이 더 나아가지 못한다. 다양한 읽을거리도 매끼 빠트리지 않고 차려 놓는다면 독자의 입소문을 타고 전국 방방곡곡으로 퍼져 나갈 것이 아닌가.

우선 논설이나 시, 수필쓰기를 특집으로 실어만 놓아도 문인들은 어떤 시각으로 논설을 바라볼까 궁금해 수능학생을 둔 학부형이 찾을 것이고, 글쓰기를 망설이는 독자도 불러들이지 않을까 한다.

오늘의 《경남문학》을 누구나 찾는 문예지로 만들기 위해서는 좋은 작품과 함께 독자의 읽을거리를 많이 차려 내놓는 일이 급선무다.

우리 《경남문학》이라고 중앙에 얼굴 못 낼 일도 없고, '우수문예지' 딱지를 붙이지 말란 법도 없지 않는가.

하길남

현실이라는 이름의 완행열차

현실은 내 뜨거운 목덜미다. 나는 현실이라는 낱말을 떠올리게 되면, 늘 그리움의 상징과 같은 완행열차의 긴 기적 소리, 그 여운을 생각하게 된다.

'사死의 찬미讚美', 우리나라 최초의 소프라노 윤심덕과 천재 극작가 김우진이 현해탄 푸른 바다에 뛰어들어, 정사情死한 사건은 너무 현실과 동떨어진 사건이 아니겠는가.

그때가 1926년 8월 4일 새벽 6시 동틀 무렵이었다.

우리나라 근대 공연예술의 터를 닦았던 김우진, 그는 호남 대지주의 아들이었다. 그리고 윤심덕은 동양인으로서는 보기 드문 몸맵시를 지녔던 일본에서 성악을 전공한 재원이었다. 그녀는 이바노비치의 곡 '도나우 강의 잔

1978년 《수필문학》 등단. 한국수필문학 대상, 월간수필문학 대상 등 다수 수상. 수필집 《흔적》 등 12권. 제1회 한중 수필심포지엄 등 국내외 수필심포지엄 주제발표. 《월간문학》, 《수필문학》 등 12개 문예지에 월평 및 계간평 집필, 세계시인협회 회원, 한국현대시인협회 기획위원, 한국문학비평가협회 이사 등

물결' 에 직접 가사를 붙였다. 그리고 그 사의 찬미를 노래했다.

광막한 황야를 달리는 인생아
너의 가는 곳 그 어데이드냐
이래도 한평생 저래도 한평생
우리들 인생은 시시로 변한다.

광막한 황야를 달리는 인생아
너의 가는 곳 그 어데이드냐
이래도 한평생 저래도 한평생
꿈도 사랑도 인생도 다 싫다.

그래서 오늘날 '사의 찬미' 라는 노래와 더불어 사랑의 정사라는 긴 이야기와 그 후렴만을 우리들에게 남겨놓은 것이리라.

그런데 묘하게도 이와 매우 대조적인 이야기가 있다면, 그것은 무려 10시간 동안에 걸쳐 251명의 남자와 마라톤 섹스를 했다는 애니벨 청의 이야기가 아닐까 싶다. 싱가포르 출신인 그녀는 1991년 런던으로 유학을 가서 옥스퍼드 대학과 킹스칼리지 법학과에서 공부했으며, 미국 남가주대학 인류학과를 졸업한 역시 재원이었다.

그녀의 이와 같은 남성편력은, 그녀가 런던 지하철 정거장에서 6명의 남자에게 윤간을 당한 것이 시초가 되지 않았나 싶다. 그 후부터 그녀는 포르노 배우의 길로 접어들었기 때문이다. 그녀는 우리나라에 와서 단국대학교에서 '여성과 성' 이라는 주제로 토론을 하기도 했다. 그 토론 후 기자들과 만나 '성, 섹스는 우주적인 진리이고 매우 인간적인 욕망' 이라고 말했다.

그래서 '필살기' 라는 말까지 유행하고 있는 것이 아닌가. 말하자면 최후의 피 한 방울까지 짜내면서 치열하게 살아라는 말이다. 너무 살벌하다. 섬뜩하다.

하루는 86,400초다. 미친놈이라는 말을 들어야 산다. 시간이 없다는 말은 거짓말이다. 시간은 내가 만들어내는 것이다. 이런 이야기를 들으면서 살아가야 하는 현대인의 삶을 어찌 편하다 하겠는가, 그래서 올리히 슈니벨은 《휴식》이라는 책을 펴냈다. 그는 행복의 중심을 휴식에서 찾고 있다. 슈워츠 같은 사람은 오늘날 우리들은 자본주의 사회에서 물품 하나를 골라도 그 종류가 너무 다양하여 선택의 기회가 많을수록 스트레스를 받게 된다고 하였으며, 사실상 모든 면에서의 선택의 끝없는 증가가 불행의 원인이 되고 있다고 말하고 있다.

사실 미국의 경제학자 다니얼 헤메메쉬는 독일, 미국, 한국, 호주 등지에서 얻은 자료를 통해 부의 증가와 더불어 시간 부족으로 인한 고통이 늘어나고 있다는 것을 확인했다고 말하고 있는 것을 보게 된다. 그런 탓이었을까. 전 현대그룹 정주영 회장은 한여름 동안, 에어컨은 말할 것도 없고, 선풍기 하나 없이 살아오지 않았던가.

이제 내 꿈을 실어 나르던 완행열차는 젖은 들녘을 떠나가고, 어느 간이역에서 나부끼던 붉은 깃발만 육조선사의 코 묻은 수염처럼 이리저리 흔들리고 있다.

수필

생명의 근원 샘터

하종갑

사람이 살아가는데 가장 중요한 것이 무엇일까. 햇빛과 공기, 물이 아닐까싶다. 공기와 빛은 자연 그대로 존재하기 때문에 현실적으로 물보다 덜하다. 물은 생명의 근원이어서 생명을 잉태하는 모체가 되고 생명을 다한 생명체를 자연으로 되돌려 보내는 역할을 한다. 그만큼 물의 가치성은 높다.

현대인들이 좋은 물을 찾아 먼 길을 가는 수고도 서슴지 않는 것도 생명에 대한 애착을 보는 것이다. 현대인들은 수돗물에 의존하면서 살아가고 있다. 부자들이야 늘 생수를 이용하지만 보통 사람들이야 어찌 그런 형편이 되는가. 그런 의미에서 본다면 샘터야말로 생명수다.

샘터는 역사 이래로 우리의 목숨을 이어준 생명의 터였다. 땅에서 솟은

경남 진주 출생. 경남도문화상 수상. 저서 《韓國人의 情緖》 《허기진 초가에도 정취는 있다》 외 다수. 경남일보 편집국장 역임. 한국문협, 국제펜클럽 회원

물이 고인 옴팡진 곳이나 바위틈에서 흐르는 물이 모아지게 푹 파인 샘터. 오며 가며 어렵잖게 먹을 수 있고 쪽박 하나면 허기진 배를 채울 수 있는 샘터는 내가 주인일 수 없었고 남의 것이라며 함부로 할 수 없는 예사로운 것일 수 없었다. 엎드려 입맞춤으로 물을 마시면 옹달샘이이요, 돌로 웅덩이를 만들어 물이 고이도록 하면 돌샘, 바위틈에서 솟아오르는 물이 고이면 바위샘이라고 했다.

동네 가운데 깊이 파서 두레박으로 물을 긷는다면 그것은 우물이고, 밑 뚫린 독을 묻고 물이 고이도록 한다면 옹정甕井이다. 뿐인가. 부처님의 자비가 가득한 산사山寺의 대롱샘이며 산삼 뿌리가 섞여 있다는 약수터. 게다가 여름에는 이가 시리고 겨울에는 따뜻하다는 참샘. 붙여진 이름마다 그 기능이 달랐고 다른 이름의 샘터마다 물의 용도가 다르니 우리 조상들의 이름 붙이기 좋아하는 심성을 읽을 수 있다.

마을의 공동 우물은 여인들의 이야기로 가득 찼다. 갖가지 사연들이 물동이를 가득 채우는 바가지 놀림만큼이나 많았고 재잘거리는 입놀림에서 드샌 시집살이의 허구들이 까발려졌다. 물 한 바가지 퍼고 소문 하나 듣고 또 한 바가지 퍼고 시어머니 험담 하나 하고…. 그럴라치면 똬리 위의 물동이에는 물 반, 소문 반이 채워져 출렁거렸다.

고갯마루쯤의 도랑에도 으레 옹달샘이 있었다. 이가 시린 찬물이 솟아 웅덩이가 넘치는 그 옹달샘은 길손에게 더없는 생명수였다. 목마른 나그네가 두루마기 자락을 묶어 등에 얹고 엎드려 한 모금 마시는 물맛으로 지나온 길의 시름도 잊었다. 목줄기를 타고 넘어가는 싸한 맛을 어느 대갓집의 감로주에 비할까.

마을마다에는 참샘이란 샘터가 있었다. 계곡의 한곳이나 산자락 아래 샘터 등 동네 사람들이 정한 그 샘터는 물이 차다고 해서 참샘이라 했는지, 진짜 샘이라는 뜻인지는 몰라도 그 물은 이가 시릴 정도로 차고 맛이 달았다.

수송아지 불알이 처져 땅에 닿을 듯이 무더운 여름, 항아리 가득 참샘의 물을 담아오면 항아리에 이슬이 맺혔고 얼음처럼 차가웠다. 어머니는 이 물로 미숫가루를 타거나 오이냉국으로 밥상을 차렸다. 한 모금 마신 미숫가루나 오이냉국은 땀방울이 단번에 오그라들었다.

이렇듯 우리의 생명수인 샘터도 상수도 파이프에 밀리고 그 수돗물이 불신을 받으면서 슈퍼마켓의 식수가 대신하고 있다. 대접에 물을 담아 한밤에 유달리 큰 별이 비치는 자리가 좋다며 우물을 파던 조상들의 성스러움. 초저녁 우물을 팔 자리에 놋대접을 엎어 두고 다음 날 이슬이 많이 서린 그릇 자리에 물이 많이 나올 것이라며 우물터를 잡던 그 지혜. 이제 그런 번거로움도 없어졌다. 강물을 끌어다 소독만 하면 그것이 식수요, 부엌에서 수도꼭지만 틀면 물이 쏟아지는 세상이니 우물은 메워지고 잡초가 우거져 볼썽사납게 버려지고 있다.

상큼한 샘터의 물맛. 두레박으로 길어 올린 물을 머리에 뒤집어쓰면 온몸이 한기寒氣로 떨리던 그 우물. 약초가 뿜어 만든 씁쓸하면서도 싸한 맛이 사이다나 콜라보다 더 정갈한 맛의 물이 고이던 샘터도 이제 찾아볼 수가 없다. 소금쟁이가 굴러다니던 샘터는 농약으로 범벅이 되어 잡초로 뒤덮여 있다. 우리의 생명수인 샘터는 인간들의 편리함에 쫓겨 그렇게 을씨년스럽게 내팽개쳐지고 있다. 지하수를 뽑아 올려 돈벌이에 이용되는 '먹는 샘물'에 자리를 내주고….

수필

한후남

창의력, 인문학에서 움튼다

글을 쓸 때마다 창의력 빈곤을 한탄할 적이 많다.

예술가는 일반인들과는 다른 눈으로 세상을 바라보고 무한한 상상력을 풀어 놓는 사람이다. 생목숨을 뚝뚝 떨구는 붉디붉은 동백을 보며 가슴 에이기도 하고, 고물대는 지렁이 한 마리에서도 무한한 생명력을 얻곤 한다. 부족한 상상력을 채우려 전시회를 둘러보고 시집을 챙겨 읽으며 시인들의 정제된 언어를 엿보기도 한다.

요즘 재계 3세 CEO들이 미술관을 많이 찾는다고 한다. 예술을 통해 '창조적 경영' 을 배우기 위함이다. 과거의 성공방식으로는 첨단을 치닫는 경쟁자들을 따라잡을 수 없다. 낯선 시선으로 기존인식을 타파하고, 잠재된

강릉 출생. 이화여대 사범대학 교육학과 졸업. 《수필문학》 천료. 남명문학상신인상 수상. 수필집 《시간의 켜》. 경남문협 · 경남문학관 이사, 한국문협, 창원문협, 경남수필문학회, 경남여류문학회 회원. 성주사 《곰절》 편집위원. 창원YWCA 문예창작교실 수필 강사

가능성을 찾아내야만 살아남을 수 있다. 예술가들의 창조성, 혁신적 발상 전환을 그들의 자구책으로 삼은 것은 바람직한 일이다.

지난해 말, 한 청년의 자살보도를 접하고 한동안 가슴이 먹먹했었다. 그는 모형자동차 설계로 세계대회를 석권한 대단한 발명가였다. 그 실력을 인정받아 카이스트에 입학했는데 2번의 학사경고를 받고 극단적인 길을 택했다. 미적분을 포함한 고등수학이 장래가 창창한 젊은이를 죽음으로 내몰았던 것이다. 교육학을 전공한 사람으로서 현재의 교육제도에 참담함마저 느끼게 되었다. 30년 전 우리가 교육받은 방식에서 한 걸음도 더 내딛지 못하는 갑갑한 교육현실에 울분이 터졌다.

눈부시게 발달하는 물질문명에 반해 인간 문화는 오히려 더 저급해져 가고 있다.

전쟁 후 반세기 넘는 동안, 우리는 경제 발전을 향해 곁눈 한 번 팔지 않고 달려왔다. 그 과정에서 눈으로 드러나는 생산효과를 위해 개인의 삶은 희생되었다 해도 과언이 아니다.

앞으로의 사회는 양보다 질을 따지는 삶이 바람직하다. 따라서 교육의 목표도 바뀌어야만 한다. 오로지 성적으로만 평가받아온 세대는 사고력이 부실하다. 한 번도 자신의 인생에 대해 깊이 생각하고 결정할 기회가 주어지지 않아서이다. 중요한 청소년기를 오로지 점수 따는 기술만 습득한 아이들이 사회에 나와 겪는 크나큰 괴리를 어떻게 감당해 낼 수 있을 것인가!

교육채널을 통해 하버드의 《정의란 무엇인가》의 저자 마이클 샌델 교수의 강의를 보면서 참으로 부러웠다. 물론 석학의 강의도 훌륭했지만 학생들이 거침없이 자신의 철학을 피력할 수 있는 강의실 분위기가 우리의 현실과 비교되어 우울했다.

인문학을 중요시 여겨야 할 이유가 여기에 있다.

호기심이 없는 아이들은 질문이 없다. 질문 없는 아이들은 자라서 자신의 생각이 없어진다. 물론 토론할 줄도 모른다. 이런 아이들이 커서 반문화적 몸집만 웃자란 성인이 되는 것이다.

싸움질하는 형제더러 커서 뭐가 되려나고 역정을 냈더니, "국회의원 되려고요" 했다는 한 국회의원의 체험담을 우스개로만 넘길 수 없는 것이 현실이다.

우리와는 달리 미국 유명대학에 입학하려면 왕성한 지적 호기심을 입증해야 된다. 해서 개인 에세이에 비중을 두고 신입생을 뽑고 있다.

이천 년 전 사람들인 공자, 소크라테스 등이 아직껏 우리 삶에 큰 힘이 되는 걸 보면 반드시 인문학은 부활되어야 한다. 우리가 궁극적으로 기대고 자문받아야 할 사람은 그들인 것이다. 인문학은 인간에 대한 인간을 위한 인간에 의한 사유이기 때문이다.

고교과정에서 빠졌던 국사과목이 다시 부활되리라는 반가운 소식이 들린다. 늦었지만 매우 다행스런 일이다.

수필

황금비율의 삶을 위하여

허숙영

아파트 화단에 연분홍 동백 꽃송이들이 즐비하게 떨어져 있다. 생명이 다해 떨어진 꽃이라고는 믿어지지 않을 만큼 고와 하나를 주워들었다. 활짝 피기도 전에 떨어져 싱싱한 꽃송이 그대로다. 꽃잎의 조화로운 배치에 감탄사가 절로 나온다. 겹 동백은 두 꽃잎 사이로 또 하나의 꽃잎이 뒤를 살짝 받쳐주어 한 송이 꽃을 이루었다.

다른 식물들도 마찬가지다. 강아지풀의 긴 잎사귀도 지그재그로 엇비스듬히 균형을 이루고 대궁이 굵을수록 잎사귀 사이는 촘촘하고 위로 갈수록 대궁이 가늘어 지면서 잎의 간격은 조금씩 벌어진다. 식물뿐만 아니라 고둥의 나선형 껍데기도, 물결도 모두 황금비율에 의해 작업된 신의 예술 작품

경남 진주 출생. 《한국수필》 신인상 수상

이다.

사람의 눈으로 봤을 때 가장 안정적이며 아름답고 조화롭게 보이는 것을 황금 비율이라 한다. 1 : 1.618의 비율이다. 1 : 1이 아닌 약간 어긋난 이 비율이 편안하게 보이기 때문에 사람들이 만들어 내는 예술 작품이나 입체형 물건들도 무의식 속에 적용이 되어 있다고 한다. 창문의 길이나 그림의 액자 등도 정사각형보다는 직사각형으로 되어 있는 것이 훨씬 보기에 편하고 좋은 이유가 여기에 있다.

그렇다면 보기 좋게 어울려 살아가는 사람에게도 황금비율이 적용될까.

외환위기로 국가가 부도 직전까지 내몰렸을 때 남편의 실직으로 이일 저일을 전전한 친구가 있다. 그녀는 지난해부터 오후 서너 시에 시작해 새벽녘에야 일이 끝나는 야식당을 남편과 함께 운영하고 있다. 일을 끝내고 눈을 잠시 붙였다가 고3인 딸과 아들을 챙겨 학교에 보내고도 쉴 틈이 없다. 병으로 고생하는 시부모를 살펴주어야 하는 것도 그녀 몫이기 때문이다. 친정에서는 고명딸로 별 어려움 없이 자란 그녀였다. 잠시 짬을 내어 만난 그녀는 시어머님 생신과 할아버지 제사를 다 마쳐 한동안은 좀 편하겠다며 싱글벙글이다. 나의 걱정과는 반대로 그녀의 얼굴은 항상 밝고 맑다.

"언니, 기대치를 낮추면 힘들지 않아. 멀리 있는 동서에게 제사음식을 맡기겠나, 어린 조카 셋이나 달고 있는 막내 동서에게 시부모를 챙겨달라고 하겠나, 기대를 안 하고 내가 할 일이려니 생각하면 괜찮아. 그래야 복도 나 혼자 다 받지. 하하하."

그녀는 너스레까지 곁들여 호탕하게 웃으며 남편이나 시동생 가족들도 제 위치에서 나름의 역할로 돕는다며 오히려 고맙다는 말도 덧붙인다.

나는 황금비율이라는 1 : 1.618 숫자에 의미를 부여해 본다. 1은 기본을 뜻한다. 그에 비해 1.618은 오묘한 수이다. 기본의 두세 배도 아니고 딱 맞아떨어지지 않는 '조금 더'의 의미를 지니지 않았을까 생각한다.

내 친구가 자기만을 위해 1 : 1.618의 비율에 맞추어 살았거나 형제니까 무엇이든 1 : 1의 비율로 해야 한다고 주장했더라면 그처럼 편한 웃음을 웃을 수 없었을 것이다. 조금 더 배려하고 조금 더 노력했기에 멋진 하모니를 이룬 가정이 되었던 것이다. 황금비율이 1 : 1 이 아닌 것이 얼마나 다행한 일인가.

조물주는 인체뿐만 아니라 인간내면의 세계도 황금비율을 적용해서 만들어 놓았다. 다만 조금씩 양보하고 상대방을 이해하는 사람에게만 넌지시 그것을 일깨워 조화와 안정이 깃든 아름다운 황금비율의 삶을 살도록 했을 뿐이다.

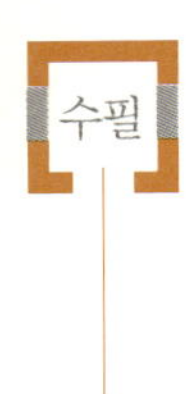

허표영

보릿대 모자

벼를 살펴보던 부부가 서로 모자를 건네고 있다. 할아버지가 낡은 보릿대 모자를 벗어 할머니 머리에 씌워주니, 할머니가 도로 할아버지의 머리에 씌워준다. 뙤약볕 논가에서 두 사람은 마주보며 모자를 권하고 있다. 생존의 세월을 견디기에 지친 모습들이다. 자식들을 키워 도시로 내보내고, 외손자들 뒷바라지까지 하고 돌아왔단다. 자식들은 자주 찾아올 수 없다며 오히려 그들을 감싸 안아준다.

나도 농장으로 들어서며 보릿대 모자부터 찾는다. 대개 아무 데나 던져져 있다. 머리 부분을 손으로 구겨 잡아 들어올린다. 함부로 취급해도 부담이 없다. 윗부분에 구멍이 나고, 테두리도 낡았다.

월간 《수필문학》 추천완료 등단. 수필집 《그대를 위한 시간》. 한국문협 · 경남문협 · 진주문협 회원, 경남수필문학회 회장, 한국수필문학가협회 · 수필문학추천작가회 이사. 전 진서중고등학교장

턱 아래를 조여 매는 끈도 탈이 났다. 눌러 써도 바람에 날아가기 일쑤다. 습관처럼 머리에 얹어두지만 제몫을 기대하기 어렵다.

염천에 바깥으로 나돌자면 이것은 필요하다. 땡볕을 어느 정도 가려준다. 넓은 챙이 가장 큰 매력이다. 무엇보다 가볍다. 얹힌 부담을 주지 않는다. 바람이 모자 사이로 잘 통한다. 후끈한 열기가 고일 틈이 없다.

멋을 따지면 곤란하다. 본때 있으라고 쓰는 의관이 아니다. 내 것이나 남의 것이나 모양과 색상이 비슷하다. 천편일률적인 모양새다. 사용한 역사가 몇 세대를 이어오도록 오래되었지만 변신을 하지 않는다. 둥근 상부와 평평한 갓양태가 전부다. 장식도 간결하고 무늬도 거의 없는 듯하다. 뚜껑과 태 사이에 검은 띠가 한줄 둘러져 있을 따름이다. 이 띠가 최대의 폼을 갖춘 장식이다.

머리에 얹어두는 것으로 만족하지 못하는 사람들은 벗어들고 부채질을 하려 든다. 제법 바람을 불러온다. 용도도 몸짓도 시원함과 관련이 있다. 본래 가진 기능이 아닌 부채질로 이용되면 몸이 많이 상한다. 이 바람에 구겨지고 찢긴 경우가 허다하다. 소량의 바람을 불러오기 위해 가혹한 희생을 강요당한다.

그늘 아래로 들어서면 언제 보았느냐는 듯 푸대접한다. 다시 안 볼 것처럼 대한다. 이 따위 것에게는 미련조차 없는 듯하다. 그러다가도 막상 흉년이 들면 농작물의 수확량에 관심을 보이듯 모자의 행방을 찾느라고 부산하다. 뒤늦게나마 존재의 가치를 알아주는 것이 다행인지 모르겠다.

보릿대는 아프면서도 고마운 추억이다. 타작마당에 익은 보릿단을 널어놓고 도리깨질을 할 때는 정말 힘들었다. 익숙한 사람의 선창에 맞춰 도리깻열을 등 너머로 보내었다가 보리를 향하여 휘둘러 내려치기란 여간 능숙한 기능이 요구되는 일이 아니었다. 보리쌀은 한때 고픈 배를 채워주던 중요한 양식이었다.

보릿단도 그냥 버리지 않았다. 잘게 썰어 가축의 먹이에 섞어주기도 하고 따뜻한 잠자리로 깔리기도 했다. 온돌을 덥히는 땔감으로 불려가기도 했다. 성냥불을 그으면 한꺼번에 달아오르며 추위를 쫓았다. 보릿대는 한 올씩 다듬어지며 생활용품으로 변신하기도 했다.

보릿대 모자의 생명력은 끈질기다. 지금도 세계 각국에서 맥고모자로 이용되고 있다. 고급 재료의 멋진 모자들 틈에서 명맥을 이어간다. 모자의 명은 농부의 의지만큼 강하다. 홀대와 천시로 곧 사라질 것 같아도 그리 쉽게 단절되지 않는다. 천재지변으로 농사를 망쳐도 농부는 내년에 뿌릴 씨앗을 고른다. 제대로 대접받은 적이 없는 농부가 농사를 손에서 놓아버리지 않는 것처럼 보릿대 모자는 끈질기게 생존을 유지한다.

대충 농장을 둘러보고 농막으로 들어오며 보릿대 모자부터 벗는다. 아무렇게나 집어던진다. 사용할 때의 고마움을 생각하는 자세가 아니다. 흔하고 값이 싸다고 푸대접하는 것일 게다. 막상 완전히 찢겨져 사용할 수 없게 된다면 그제야 값어치를 알게 될 것이다. 배가 고파야 식량의 고마움을 알듯이 따가운 땡볕에 나가봐야 존재가치를 느끼게 된다.

농부들의 천하지 대본이라는 깃발은 시대에 따라 내려졌다. 빈 들을 바라보며 한숨짓고 있다. 낡고 추레한 차림으로 들녘에 섰다. 식량 위기가 올 것이라고 예견하는 사람들이 있다. 농토의 축소, 이상기후의 영향, 물 부족, 후진국의 식량소비 증가 등이 요인이 될 것이라고 경고하고 있다. 땅에서 생산되는 산물을 가벼이 여길 일이 아니다.

농부 부부는 한여름 햇볕을 가려주고, 손쉽게 이용되다가 이제는 헐어지고 부스러진 보릿대 모자 같은 지친 모습이다.

우리와 나

황광지

통쾌한 유머 한 자루를 읽었다. 순간 기분이 최고조에 달하여 턱 주변 근육이 늘어나는 느낌이 들었다.

남편의 60번째 생일잔치를 하고 있는 어느 부부 앞에 요정이 나타나 말하였다. "당신들은 60살까지 부부싸움 한 번도 안하며 사이좋게 지냈으니 제가 소원을 들어드릴게요. 먼저 부인의 소원은 뭐죠?" "그동안 우리는 너무 가난했어요, 남편과 세계여행을 하고 싶어요." 그러자, "뾰로롱 뽕" 소리가 나며 부인의 손에는 세계여행 티켓이 쥐어져 있었다. "이제 남편의 소원은 뭐죠?" "나는 나보다 30살 어린 여자와 결혼하고 싶습니다." 그랬더니 "뾰로롱 뽕" 소리와 함께 남편은 90살이 되었다.

1995년 《한국수필》로 등단. 경남문협우수작품집상 수상. 수필집 《로마의 단감나무》 《덤》. 경남가톨릭문인협회 회장. 가향 동인, 한국문인협회 회원. 마산 가톨릭여성회관 관장

우선, 90살이 되어버린 남편이 어찌나 고소하던지 모든 여성의 대변자처럼 마음속의 감정들이 모두 일어서서 환호했다. 촌철살인. 이렇게 짧고 웃기는 이야기로 사람을 감동의 도가니로 넣다니. 아침부터 새털 같은 가벼운 마음으로 출발하여 하루 내내 하는 일에 신바람을 붙일 수 있을 것 같았다.

쌤통이다. 젊은 여자를 밝히는 남자의 폭삭 늙은 모습을 상상하니 통쾌했다. '어린 여자' 를 기대했던 남자에게 30살을 더해준 반전이 참 유쾌했다. 너무 연로해서 어쩌지 못하는 남편을 두고 쌈박하게 홀로 여행을 떠나는 여자를 상상하니 상쾌했다. 올해 60이 된 나도, 여자의 발걸음에 대리만족을 느끼는 것처럼 슬쩍슬쩍 어깨춤이 나왔다.

그렇잖아도 나이 든 남자들이 영계니, 교복 입은 여학생이니 하면서 소아기호증과 같은 행태를 내보이는 것을 보며 역겨워했던 적이 한두 번이 아니어서 내가 더 흥분했는지 모른다. 늙수그레한 남자들이 롤리타콤플렉스에 빠져 소녀들을 넘보는 것에 분노를 삭이느라고 이를 잘근거린 적이 얼마나 많았던가.

어느 정도 '남자에 저항하는' 흥분이 가라앉자 나는 이 이야기를 다시 보았다. 그러면서 '우리' 와 '나' 를 번쩍 발견하게 되었다. '우리' 를 위한 소원을 말한 사람과 '나' 를 위한 소원의 차이였다. 결과가 이렇게 되고 보니 '우리' 를 위한 마음을 드러낸 아내는 얼마나 로맨틱하며 어여쁜가. '나' 만의 속셈을 채우려 한 남편은 참 좁쌀같이 쪼잔하고 북어같이 건조하지 않은가.

웃을 일만은 아닌 것 같았다. 이 이야기는 아내와 남편으로 끌어가, 괜히 남편을 몹쓸 사람으로 만들어서 그렇지 너도나도 이기적인 판단과 소원을 말하는 사람이 얼마나 많은가. 나는 웃음을 거두고 진지하게 생각해 보았다. 공동체, 즉 '우리' 를 외면해서 모든 관계의 갈등이 일어나는 것이 아닌가. '나' 만 더 누리기 위해서, 더 앞서가기 위해서 선수를 치는 일들이 일상

생활에서 수없이 이루어진다. 나도 흐름을 따르지 않고 영악한 판단으로 차선을 바꾸면서 앞서려다가, 바꾸어 탄 차선의 차들이 늘어져 더 더디게 가면 "아차차, 에고고" 후회하던 적도 흔히 겪었다. 그래놓고도 후회가 길게 가지 않는 것이 문제다.

다시 이 유머를 살펴보았다. 더 따져보면 아내도 좋아할 일만은 아니었다. 폭삭 늙은 남편을 데리고 살아야 하지 않는가. 어쩌면 세계여행 티켓도 무용지물이 될 수도 있다. 아무리 얄미운 남편이라 하지만 대부분의 여성들은 그놈의 정 때문에 연민에 싸여 어쩌지 못할 게 뻔하다. 요즘 추세로 황혼이혼이 늘어나고 있다고는 하지만, 보통의 아내들은 웬만하면 참고 사는 것을 택하게 마련이다. 하이고! 웃을 때 사용하는 근육보다 찡그릴 때 사용하는 근육이 훨씬 많다고 하는데, 내 얼굴의 많은 근육들이 실룩실룩 모여들어 인상을 그렸다. 그 여자의 팔자가 남의 일이 아닌 것처럼 느껴졌다.

이기적인 판단으로 눈앞의 욕심을 채우려다 보면 공동체에도 해를 끼친다는 이치가 이 짧은 우스개에서도 드러나다니. '우리' 를 외면했을 때 얻게 되는 '나' 의 낭패뿐만 아니라 '우리' 의 낭패를 깨닫고 나니 박장대소하고 웃기던 이야기가 숙연해졌다.

황보정순

여기에 길을 묻는다면

내가 사는 집은 토담집이다. 토담집을 지니고 있는 내 집은 따스한 계절이 오면 변화가 많다. 바로 담쟁이넝쿨이 있기 때문이다. 담쟁이넝쿨은 담을 비롯하여 헛간이 있는 곳까지 도배를 하는 편이다. 외관상 낭만이 깊숙한 집이라고 할 수 있다. 그러나 그러던 모습은 이제 마음에서 우러나는 냉정함이 따르는 일도 있다.

해마다 겪는 장마로 인해 돌담이 허물어지기 시작했다. 그런 탓으로 허물어진 돌담을 대신하여 블록을 쌓게 되었고 나머지 부분은 시멘트로 덧칠을 하게 되었다. 해마다 그러하듯, 담쟁이넝쿨은 돌담을 대신하던 블록을 이용해 자생력을 발휘한다. 분명한 것은 시멘트벽임에도 불구하고 본드처럼

《玉露문학》-公友신인상 단편소설 〈가운데(女)〉 당선. 고성문인협회, 한국공무원문학협회 회원. 대한민국 디지털문학상(소설문학상) 수상. 장편소설 《피앙새》, 공저 《휘돌아 함께 걷는 길》 《사랑과 꿈과 편지와》 《수박을 키운 소나무》 외 다수

붙어 생명을 유지하고 있다. 이 또한 낭떠러지에서 떨어지지 않으려는 정신력은 대단한 기백이 있어 보였다.

여기에 길을 묻는다면 나는 이런 경로를 통해 지금의 현실과 인연이 가깝다. 누구의 관심이 없더라도 이런 경로와 다름없는 현실을 발견했기 때문이다.

나는 이들을 지켜보며 살아가는 방법이 범상치 않음을 알게 되었다. 이들의 형상을 자세히 들여다보면 불굴의 의지나 다름없는 식물이다. 곳곳에 자리를 틀어 둥지를 이루었고 해마다 그러하듯, 모습이 울창하고 뱀이 똬리를 튼 모습처럼 줄기의 일부는 위엄이 도사리는 것을 느낀다. 이런 울창한 모습에 나는 한결같은 생각으로 따스한 봄이 오면 오래된 뿌리에서 싹을 틔우는 모습을 즐겨본다. 나름의 슬픔이 있을 무렵에도 나는 이들의 상황을 주시했다.

어느 날은 낮은 위치의 처마 끝에서도 담쟁이넝쿨이 빼곡히 자라나고 있었다. 이들은 여지없이 틈새를 파고들어 그들만의 무단 침입은 나를 당혹스럽게 했다. 미세한 공간임에도 불구하고 살아야겠다는 의지로 터전을 일구고 있었다. 그런 가운데 삭막하기가 짝이 없는 현실은 이루 말할 수 없는 아픔이 따르는 것도 이와 다름없다고 여겨졌다. 빌어먹을 눈물 따위도 상처로 인해 시련을 겪어야만 하는 현실은 당혹스러웠다. 그리하여 마음의 상처와 더불어 좌절을 딛고 일어서려는 사람들마저도 희망을 주는 식물이라고 유념해 볼 일이다. 이 또한 사람으로 비유하자면 끊임없는 도전정신이 깃들어 있었다. 이 모든 것은 나의 징조가 예사롭지 않을 즈음에 이런 생각을 종종 하곤 한다.

나는 이 모든 상황을 지켜보는 날이 많았다. 그럴 때마다 나는 이런 징조를 바라보며 아픈 마음을 달래기도 한다. 이를테면 나의 현실에 관여하는 식물이 아닐 수 없다. 그리하여 나는 조금씩 관찰하기에 이르렀고 위안을 느끼는 경우가 다반사다.

담쟁이넝쿨은 줄기의 마디마디가 세월을 이기는 듯했고 보기에도 운치가 있다. 가끔 이런 생각을 하다보면 모진 데가 많다는 것을 늘 눈여겨본다. 뿌리에서 자생한 것들은 인체의 실핏줄처럼 줄기가 퍼져 군락을 이루고 있다. 파릇한 잎들이 어우러진 모습은 아름다운 정원과 다름없어 보였고 여기에 감탄을 금치 못하게 한다. 그리하여 여기에 어울리는 울타리는 수목원의 아름다움과 같은 절체절명이 따른다.

어느 날에도 그랬지만 방황의 실체가 떠나지 않았을 때도 그랬다. 나는 종종 이들의 모습을 보며 사람들의 형상과 다름없음을 확인한다. 그런데 이제는 상황이 조금 바뀌어 가고 있다.

언젠가 구름 한 점 없는 날에도 그랬듯이 슬픔은 끝내 허물을 벗고 있었다. 이제는 아픈 추억만 쌓여 있다는 것을 이해한 후 나름대로 나는 틈틈이 정신이 없어지고 아주 가끔은 아픈 기억으로 인해 멍청하기에 이르렀다. 그럴 때마다 담쟁이넝쿨을 보며 불안을 잠시 잊게 된다. 빛바랜 지붕 위로 노을 또한 아물지 않는 상처를 다독여 주었고 서광이 비춰지기를 희망했다.

아주 어린 날에는 무한한 희망을 갖게 했다. 옛날 나들이 길에서도 그랬지만 소꿉동무와 더불어 실눈 같은 내 눈에 담쟁이 잎을 하나씩 뜯어다가 쌍꺼풀을 만들기에 정성을 다했다.

그럴 때마다 동무와 나는 누가 더 자신의 눈이 크고 아름다운 쌍꺼풀로 형성되었는지 비유하곤 했다. 작금에 와서는 성형수술로 모든 것이 이뤄지는 세상이지만 그때는 성형수술이라는 단어조차도 알지 못할 때였다.

그런 날은 내가 이 세상에서 제일가는 미인이 된 듯했고 훗날 미스코리아로 진출할 것을 다짐하고 있었다. 그렇지만, 그런 추억이 있었음에도 불구하고 오래 전의 일이라 그런지 기억에서는 이미 잊은 지 오래되고 말았다. 미인은커녕 내 존재감을 상실하였으며 이제는 현실의 일부가 한심할 따름이다.

그동안 왜 나는 나를 잊고 살았을까……. 이런 생각을 하기만 하면 후회스럽고 낭패감에 젖어 든다. 이런 생각에 의존하다보면 나는 아직도 나이는 먹었어도 변함없는 초년의 일상을 보석처럼 간직하고 있다는 것을 문득문득 느낄 때가 있다. 이 또한 내게는 가장 예민한 나를 발견하게 되었고 어쩌지 못하여 전전긍긍하는 순간에도 아름답지 못한 사람으로 전락되고 말았다는 것을 안다.

실제로, 해마다 겪는 일이지만 담쟁이넝쿨이 이제는 싫어졌다. 얼마나 많은 세월을 살았다는 것인지 이제는 그런 기억은 잊은 지 오래인 것 같고, 내 지금의 나이에 필요성을 잃고 말았다.

그러던 어느 날, 내 손에는 낫이 쥐어져 있었고 사방으로 뻗은 넝쿨은 조금씩 제거하기에 이르렀다. 몰상식하게도 나는 이렇게 하지 않을 수 없는 것이 구차한 변명이 있다.

가을바람이 부는 날이면 골목까지 뒹구는 마른 잎들로 인해 나는 무시로 떨어진 낙엽을 쓸어야 했고 이로 인에 몹시 지친 나는 고통이 따르게 되었다. 나는 이제 팔목이 시원찮고 여기에 온힘을 다할라치면 몸살이 날 정도다. 그리하여 허구한 날 빗자루를 들고 쓸어야 할 일이 꿈만 같았다. 이제는 더 이상 낭만은 사라지고 삭막한 기분으로 전락되고 마는 현실은 안타까운 일이 아닐 수 없다.

나중에는 이런 이유의 일부가 꼬였던 내 마음을 어쩌지 못해 만신창이로 변해 버린 것도 변명이 따른다. 이런 현실은 낭만에 가까웠던 날은 사라지고 사정없이 난도질을 하기에 이르렀다. 그 순간, 가시 돋친 줄기는 나의 손등을 찔렀고 금방 피를 보며 후회를 했다. 무모한 짓이었으나 긁힌 자국을 보며 신경질이 왈칵 나고 말았다. 감성적인 나로서는 나름의 한때를 무시하는 경향이 많아졌기에 이런 일도 이제는 허다한 일이 되었다.

그럴 때마다 나의 감정은 허무를 걸머진 후, 깊은 상념에서 깨어나지 못하고 있는 것을 알게 된다. 이 또한 어쩔 수 없는 현실이기 때문에 안타까운 일이 되고 말았다. 여기에 길을 묻는다면 나는 이런 대답을 할 뿐이다.

경남문학,
현 실 에
길을 묻다

2011 경남예술제
경남문협 사화집

인쇄 2011년 9월 19일
발행 2011년 9월 24일

발행인 회장 김복근
발행처 경상남도문인협회
사 무 국 창원시 진해구 진해대로 307
사무국장 임성구(010-4595-4532)

제작보급처 도서출판 경남
창원시 마산합포구 남성로 42
http://www.gnbook.com
e-mail:gnbook@empal.com
☎(055) 245-8818, 8819
FAX(055) 223-4343
(등록 제2호 1985. 5. 6.)

ISBN 978-89-7675-716-6-03810

* 이 책은 경상남도예술문화단체총연합회에서
발간비를 지원받았습니다.

〈값 10,000원〉